21世纪经济管理精品教材·工商管理系列

大学生创业管理教程

何传添　主　编
唐　静　李晓莉　副主编

清华大学出版社
北　京

内容简介

大学生创业是经济发展的必然产物。大学生创业不仅有利于解决就业问题，它更是经济发展的源泉，对于进一步激发全社会创新创业的活力，打造新常态下经济发展新引擎，具有非常重要的作用。

对于创业，大学生们热情高涨，但真正进行创业的大学生对创业知识具有强烈的需求。而目前对于大学生创业指导的书籍大部分以理论为主，缺乏实际操作以及案例的分析。

本书通过大量案例分析及创业访谈，主要面向高校经济管理类专业的大学生，从创业素质培养、创业谋划酝酿、创业团队管理入手，全方位、多角度地对大学生创业内涵予以阐述，在当前"大众创业，万众创新"的社会氛围下，深入浅出地对大学生创业给予理论及实践指导。

图书在版编目（CIP）数据

大学生创业管理教程/何传添主编. --北京：清华大学出版社，2015 (2018.1重印)
(21世纪经济管理精品教材·工商管理系列)
ISBN 978-7-302-41042-3

Ⅰ. ①大…　Ⅱ. ①何…　Ⅲ. ①大学生－职业选择－教材 ②企业管理－教材　Ⅳ. ①G647.38 ②F270

中国版本图书馆CIP数据核字(2015)第169164号

责任编辑：杜　星
封面设计：汉风唐韵
责任校对：宋玉莲
责任印制：刘海龙

出版发行：清华大学出版社
网　　址：http://www.tup.com.cn，http://www.wqbook.com
地　　址：北京清华大学学研大厦A座　　**邮　　编**：100084
社 总 机：010-62770175　　**邮　　购**：010-62786544
投稿与读者服务：010-62776969，c-service@tup.tsinghua.edu.cn
质量反馈：010-62772015，zhiliang@tup.tsinghua.edu.cn
印 装 者：三河市君旺印务有限公司
经　　销：全国新华书店
开　　本：185mm×260mm　　**印　　张**：7.5　　**字　　数**：166千字
版　　次：2015年7月第1版　　**印　　次**：2018年1月第2次印刷
印　　数：3001~3800
定　　价：28.00元

产品编号：064441-01

大学生创业是经济发展的必然产物。大学生创业不仅有利于解决就业问题，它更是经济发展的源泉，对于进一步激发全社会创新创业的活力，打造新常态下经济发展新引擎，具有非常重要的作用。对于经管类的创新型人才来说，需要与时俱进，具有创新思维。具体而言需要以下素质：第一，具有积极的创新意识和强烈的创新欲望；第二，具有解决经济与管理实际问题的基本理论知识和实验技能；第三，具有选用恰当科学研究方法解决经济学问题的能力；第四，具有将经济学与管理学中前沿问题与现实问题结合，创新成果推广应用的能力。具备以上要素的人才可以最先发现新机遇，具备发现问题以及迅速解决问题的能力，从而使自己处于有利的地位。而创业教育就是以培养创新精神与创业能力为价值取向，因此，高校中开展创业教育、鼓励大学生进行创业具有重要意义。

对于创业，大学生们热情高涨，大学生对创业知识具有强烈的需求。而目前对于大学生创业指导的书籍大部分以理论为主，缺乏实际操作以及案例的分析。

因此，本书通过大量案例分析及创业访谈，主要面向高校经济管理类专业的大学生，从创业素质培养、创业谋划酝酿、创业团队管理入手，全方位多角度地对大学生创业内涵予以阐述，在当前“大众创业，万众创新”的社会氛围下，深入浅出地对大学生创业给予理论及实践指导。

本书作者综合十年来的创业研究成果与教学实践，以“观念、实践、反思”为框架，以个案进行分析，突出可读性，激发大学生对于创业、研究创业案例的兴趣。主要适用于普通高校创业教育的通时课程，同时本书也可以用于MBA、MIB和研究生教学。

本书编写受到广东省教育厅就业指导中心的支持，同时也得到了广东省教育成果奖培育项目“经济学专业国际化创新型人才‘以赛促学’协同培养模式实践与探索”、教育部特色专业建设项目“国际经济与贸易”、广东省高等教育教学研究和改革项目“创业失败学习”视角下的外经贸大学生创新素养培养研究、教育部大学生实践教学基地建设项目“中国进出口商品交易会实践教学基地”以及广东省实践教学基地建设项目“广东省纺织品进出口股份有限公司"实践教学基地、合生珠江教育发展基金会广外创业项目的大力支持。

何传添教授担任本书的主编。唐静副教授、李晓莉博士担任本书的副主编。陈健博士、傅薇博士编写了其中的章节并负责了校对工作,何传添教授负责全书的统稿与修改。左志刚教授、赵烨老师、许陈生教授、魏传文老师对本书的出版给予了指导和帮助。本书在编写过程中,参考了大量文献与研究资料,限于水平与实践,文中难免有疏漏之处,请各位专家与读者批评指正!

编　者

2015年7月

目
录

第1章 创业导论

1.1 创业案例

案例一：咖啡屋的“经理人”

广东××大学2005级本科生周×对自己的大学生涯深感自豪。除了就读法语专业，进修国际经济与贸易课程，她还拥有经理、会计、蛋糕师傅、调酒师等诸多头衔。从大一那年勇敢揭榜面试，到以“经理”身份把校园里的云山咖啡屋经营得红红火火，周×在大学期间实实在在地玩了一把“创业”。

在广东××大学，无论你是在报亭里买一份报纸，还是在咖啡屋里吃一块蛋糕、去网球场打一场球，你会惊讶地发现，这些地方的所有“员工”和“老板”都是像周×这样有创业激情的在校学生。学校将学生勤工助学与创业教育结合起来，通过“云山”系列创业型勤工助学实体，设立多个项目实体为有意创业的学生提供“热身”基地，并给予场地、资金、政策上的支持，全部实体项目由学生自主经营、自负盈亏。

在云山咖啡屋的筹备阶段，学生创业小组进行深入的市场调研，经过可行性论证、市场分析以及市场定位，写出了60多页详尽的调查报告，最终形成一份沉甸甸的创业计划书。在随后的实体建设中，从创业设计、门面装修、货源采购到内部管理、销售服务，学校均放手让学生去做，学生还利用假期时间在广州市内的西餐厅进行了为期一个月的实习培训。

与云山咖啡屋一样，“云山”系列其他实体也全部实行独立核算，由学生自主创业、自主经营管理，经理和服务员全部由学生担任。各实体依照“专业化、市场化”的企业创业模式，辅以学校领导、专家学者、企业人士的指导和培训，完善大学生的创业知识结构，激发创业兴趣，培养创新精神、创业意识和创业能力，转变大学生就业观念。

“云山”系列实体建设的启动资金全部由学校学生勤工助学基金支出。从售报员到咖啡屋经理，所有任职学生都来自勤工助学中心。他们利用课余时间，一方面在这些“企业”中学习工作技能，另一方面得到勤工助学薪酬来帮补生活支出。

由于始终按照“一流理念、一流设计、一流管理、一流服务”的要求筛选优秀项目，勤工助学中心的投资“盈利”可观。

【学生毕业后发现，在校经营实践时积累的市场营销、企业推广的经验，在真实的商海中都用得到，成了自己的优势】

“我能迈出创业的第一步，得益于大学时期的创业培训和实践！”曾是校内咖啡屋模拟“老板”的罗××，毕业后发现，在校经营实践时积累的市场营销、人才选拔、企业推广知识和经验，在真实的商海中都用得到，成了自己的优势。

据了解，广东××大学许多毕业生在走进社会后，已融入创业大军的行列，特别是经济、管理类的学生，不少学生毕业后创业成功，成了学弟学妹心目中的“明星”学长。

案例二：校园中成长起来的“小女强人”

领事馆的文化沙龙活动，与校舞蹈队、校乐团合作举办周末音乐会……回想起在自己任期内的“威风史”，曾是云山咖啡屋“老板”的罗××能扳着指头说半天。

在读书时，罗××加入了学校“云山创业园”计划，成为校内云山咖啡屋的一位模拟“老板”。在这间占地300多平方米的校园咖啡屋，由于同学们只能利用课余时间轮班工作，罗××聘请了40余名“员工”。为了帮助咖啡馆提升服务水平，学校还专门聘请了一位西点师，教学生员工制作西点、冲调咖啡和鸡尾酒。

管理起这副“家当”，没点魄力还真不行，罗××在同学们眼里，俨然一个“小女强人”。云山咖啡屋主要面对师生。为了做大做强，罗××和搭档们想方设法“揽活”，积极承揽接待访问团、省市领导的工作。“我们常常上校园网查看近期的校园活动安排，发现有合适的便主动联络争取。咖啡屋面积大，还经营西餐饮食，完全有能力承办较大型的活动。”罗××说，由于经营得当，又善于推广，咖啡屋的生意蒸蒸日上，曾创下一天营业额3 000多元的纪录。

咖啡屋的成功经营，激发起罗××的创业欲望和信心。毕业后，她便与几名在创业园实践的同伴一起创业，直奔名副其实的“老板”位置而去。

经过分析，罗××和搭档们认为市场在提供展会咨询方面仍有很大的缺口，而母校在小语种、电子商务、计算机、创意等方面的专业优势可为他们提供优质人才资源。当机立断，他们的咨询公司于2006年8月注册成立。

“我们在学校卖的是有形的产品，现在卖的是无形的服务。内容虽不同，道理却一样。”

大学的实践经历让几名年轻的股东初涉商海便胸有成竹，罗××惊喜地发现，在创业实体实践时积累的很多经验，在真实的经营中都十分实用！而且在学校时，她的社交能力就得到了极好地“热身”，谈判、跑业务都不成问题。如今，公司运营得十分顺利。罗××很自豪，她所具有的优势是一般初次创业的年轻人都难以比拟的。

从以上例子我们可以看到，创业离我们并不遥远。但创业者只是少数，创业成功者更是少数。

首先，我们需要了解以下几个问题：

什么是创业？外经贸专业创业的特点是什么？

创业学是一门新兴的学科领域，对创业概念的界定有不少专家提出了自己的观点，主要有以下几类(如表1-1所示)：

表1-1 创业学的观点及主要内容

观点	主要内容
机会价值说	捕捉机会、实现潜在价值
	识别商业机会、创造价值

续表

观　　点	主要内容
财富目的说	有偿经营、商业活动、以营利为目的
	以创造价值为目的、有目的的经济活动
组织创新说	创建新企业、团队、组织能力、组织创新
	开创新业务、创建新组织
核心要素说	人力、资本、机会、资源
	创业者、能力、技术、市场
风险管理说	高风险创新活动、风险防范、风险管理
	认识创业风险、合理规避、化解风险

资料来源：刘沁玲. 中国创业学研究的现状与未来方向[J]. 科学学研究，2008，26(4)：702-709.

从以上我们可以看出，创业最核心的要素为一种对机会的捕捉，同时它是一种以创新为基础的思考方式，其最后的评价，在于对机会以及创新强度的考核，能否为社会提供贡献等方面。

既然我们了解了创业的概念和要素，那么针对于我们文科院校而言，特别是外经贸大学生而言，我们要怎么选择创业，其专业背景为我们专业提供了什么契机。我们应该如何把握这个机会？

下面我们通过一些访谈，了解外经贸专业背景的大学生创业的一些共性和特点。

1.2　成功案例的访谈

访谈1："绘城印象"和"贴贴科技"公司的CEO温城辉同学

温城辉同学（如图1-1所示）为广东外语外贸大学的2012级学生，但是约见他并不容易，身兼两家公司的他，还要兼顾学业，可以说时间相当有限。初次见到他，谦虚中带点羞涩，完全一副学生的样子。但是一听他讲起自己的生意经来，才发觉他神采飞扬，透露出自己的想法与决心。

图1-1　温城辉

温城辉，广外大二学生，教育部创新创业计划项目负责人，2012年感动南粤校园年度创业人物。由其创立的校园明信片品牌"绘城印象"曾销售出100万张纸质明信片，并多次得到新华社、南方都市报等媒体的报道。现为贴贴科技CEO，带领公司打造出礼物说、贴贴明信片、贴贴二维码三款产品，销售出100万张二维码贴纸，拥有过百万用户，获得创新谷和红杉资本等投资机构数百万天使投资。

我们对他进行了下面的访谈：

问题1：你为什么会选择创业？

当时在参加比赛的过程中遇到陈安妮，两个人一起合作，开创了手绘明信片，后面获得资金，开始有了新的想法，想着能否将明信片变成由声音和图像来存储。后面接触中山大学比较优秀的计算机专业同学，将自己的想法变成了现实。

在获得新的想法后，也有机遇的因素。因为几个比较大型的创业比赛，逐步进入了创业投资这个圈子，获得了一些人的投资，因此能够在融资上取得了不错的开端，从而后面开始发展较快。因为风投的那些人，只会选择比其他人优秀一点点的人，其实每个人都不可能比别人优秀很多，只要你比别人优秀一点点，你就获得比别人多的资源。我幸运的是，一次偶然的比赛获得了风投，后面逐渐进入了这个圈子，能够快速的筹集到资金，才会使企业不断地加快发展，不至于很快死掉。

问题2：你有什么建议给创业的大学生们？

创业很难，我们经历了很多的困难。现在我们选择的行业必须要成倍增长，不然会马上死掉。现在的创业主力是“90后”，他们很有想法，但是他们也很难控制，不懂办公室政治，因此，团队的建设非常关键。现在的人们也很浮躁，都想快速成功，就会选择电商相关行业的创业。而这个行业竞争非常残忍，如果不快速增长就会马上被淘汰。行业内比较成功的是京东，它就是快速增长的一个非常好的例子。做实业会比较艰难，很难快速成功。因此很多实业依托了金融投资，例如，苏宁、国美。早期的发展也依靠了房地产的投资，实现了快速增长。比较失败的例子是凡客，开始第一家网购比较成功的例子，但是后期由于太过多元化的经营战略，使得库存占用太多资金，导致了后期的发展滞后。

问题3：你觉得创业最重要的是什么？

我觉得是团队，一个好的团队非常难。一方面要有很多创意和想法。这方面，“90后”的人思维活跃，但是他们不懂办公室政治，因此很喜欢发表自己的想法，人际交往方面会显得略有不足。因此团队的管理非常重要，我们公司几乎天天都是不断的发生“争吵”，相互沟通、学习。因此这个过程也非常快乐。

后来，温城辉拿出他的手机和电脑，我们发现里面密密麻麻的时间管理表格，细微到每十分钟要做什么。而且他建议，学习程序员的方法具体到每个任务的操作，他都会为了简化一秒钟的时间，学会快捷操作。这方面让我们叹为观止，原来时间管理不是说得好玩，而是要真正的施行。他说一般程序员的生活都是如此，需要简化，按照计划完成任务。当我们问到他过着这样的生活，会不会像机器人？他笑笑说，喜欢这样的生活，因为可以不断地学习。问到他以后的打算，他希望有机会可以去斯坦福进行学习，因为他喜欢不断学习的生活。

从访谈中，我们总结出温城辉创业成功的因素：

1. 性格。首先，性格比较谦和，善于学习和结交不同的人。喜欢创新，想法比较多。从小接触知识面较广，因此，善于发现机会，产生新想法，执行力比较强，一有想法，马上行动。

2. 善于管理团队。学会抓住不同类型的人，将其整合为团队。

3. 要保证有资金链不断层。如果不能很快融资，公司很容易破产，难以发展。因此资金链非常重要。

访谈 2：大学生村官宋俊文

问题 1：宋俊文(如图 1-2 所示)，你觉得自己有哪些个人特质比较明显？

图 1-2　宋俊文

目标明确，做事有魄力，迎难而上，不轻易放弃。

问题 2：特质影响

创业的道路充满未知，如果没有坚持，可能走不过荆棘。可能是因为喜欢迎难而上，不轻易放弃，所以才能勇敢面对未知的困境。

问题 3：创业者动机

担任大学生村官后接触到很多当地的村民和传统企业，无论是服装还是农产品，在网络时代下，传统方式遭遇各种瓶颈，电子商务是必然趋势，于是开始尝试在农村推广电子商务。另外，2013 年开始做农产品的原因是，看到很多“菜贵菜贱皆伤农”的情景，消费者在市场买个菜要几块钱一斤，实际上菜农才拿到几毛钱，一块钱都不到，我们希望可以建立一个从农场直接到消费者的网络渠道，减少不必要的中间环节，真正让农户受益。

本来新塘牛仔是很有发展优势的，在全国也是前列的，但是近年，其他地区的服装企业凭借电子商务迅速赶超新塘；农产品一样，在全国都在疯狂使用电子商务的时候，增城传统企业和农户还不知道电子商务为何物。如果还不紧紧围绕电子商务开始发力，连最后一趟车都赶不上，增城就会错失大好的发展机遇。农村是个广阔天地，可以大有作为。我希望一方面可以自己建立一个电子商务平台的成功案例，另一方面培养更多的农村青年返乡创业，让他们觉得农村也是可以大有作为的。其实目前最需要人才的地方就是农村，我觉得现在的年轻人不一定要往大城市去挤，回过头看看养育自己的地方，可能会有更多的机会。

第一个项目：新塘镇是全国著名的牛仔服装专业镇，产量和出口量均占全国首位，仅东华村就聚集了几十家牛仔服装企业。经过调研准备，结合自身专业知识，撰写《新塘牛仔服装电子商城平台项目》计划书，主要思路是帮助传统企业转型升级，拓宽电子商务渠道。经过专家评审，被省科技厅评为科技型中小企业技术创新项目，纳入广州市创业项目库，并受邀参加首届中国(广州)国际创业博览会。

第二个项目：为探索增城区农产品电子商务发展，组织大学生村官开展“帮农户卖特产”的创业项目，建立“增城特产网”，通过“大学生村官＋网络＋农户合作社”的新型农村电子商务模式，借助互联网宣传推广增城特产，帮助农户拓宽销售渠道，直接为农民增收创富，项目被评为广州市大学生村官基层创业项目一等奖，广州市团委工作镇街示范项目。2013 年帮助农户销售农产品突破 20 万斤，成为增城区最大的一个农产品网络销售平台。下一步将探索社区电子商务和农场 CSA 相结合。

问题 4：创业困境与解决

在推广农产品电子商务的时候，最大的难题就是农产品包装运输的问题，譬如增城十宝之一的紫淮山，在市场上很受欢迎，我们一开始是整根全长1米的淮山包装发货，遭遇暴力快递容易摔断，到客户手中就变成了几截的，而且断口闷着容易发霉，客户就以为我们发劣质产品给他，直接给我们差评，前期一个差评需要100个好评才能将评分补回，后期我们不断完善包装和质量控制流程，评分才慢慢恢复，并成为增城最大的一个农产品网络销售平台。

在推广农村电子商务的时候，最缺乏的就是电子商务人才，之前想过直接培训农户，但是效果不太理想。后来看到团省委的百万农民学电脑，突然想到，我们增城有300多名大学生村官，可以考虑先让大学生村官接受培训学习，然后带动农村青年创业。于是就主动跟团省委联系，看能不能优先提供一些名额给增城的大学生村官参加培训班，团省委也大力支持，让我们组织当地有兴趣的村官报名，先后安排了几批大学生村官去参加培训学习，有些村官回来后还先后开起了自己的店铺。

问题5：是否受过创业辅导？

参加过一些讲座式的培训，但是感觉实际作用不大，真正的创业需要实践。

问题6：是否了解政府提供的相关政策？

了解一部分，但是很多政策实际上是对创业者支持力度不够，起不到什么效果。

问题7：建议

要清楚自己，分析自己在哪里、去哪里、有什么、缺什么、怎样去。

在哪里：譬如你是否具有创业精神，是否能够勇敢面对挫折，你现在处于一种什么状态，为了什么而创业，你是否做好准备？

去哪里：你目标是什么？打算做什么？要走到什么样的程度？市场前景如何？

有什么：你目前具备什么外部资源可以帮助你实现目标？这些资源又应该如何整合运用？（譬如团队、资源、客源、技术、渠道、资金等）

缺什么：如果缺少团队，那就要分析你需要什么团队，如何组建；如果缺乏资金，就要考虑如何筹集创业启动资金；缺什么就要想着补什么，有些可以边走边补，有些也只能边走边补。

怎样去：你的计划是什么？如何执行？

访谈3：任怿睿（网店）

1. 基本信息：

年龄与其他基本人口背景：20岁，福建福州人

公司基本资料：淘宝网店主营原创设计首饰（水晶、玛瑙、925银等）

创业年数、资本、员工人数：2013年3月起至今、零资本、没有员工

2. 个人特质与创业

问题1：你觉得自己有哪些个人特质比较明显？

敢于幻想，敢于把幻想付诸实践，不轻易放弃。

问题2：这些特质对你在事业上有什么帮助或影响（也可能是负面）？

起初就是因为自己从小就希望将来可以有一家自己的店，不用很大，但店里的每个东西都是自己精心设计制作，可以给女孩子带来美丽的，所以才萌生了要开一家网店卖自己

设计、手工制作的首饰。当然在其中也遇到过很多障碍和不顺利的地方，但是我比较死脑筋，认准了想做的事情就一定要做下去、要做好，所以才坚持到了现在。

3. 创业者动机

问题1：创业原因是什么？为何选择此行业？

大一上学期的一个晚上我和老爸在视频聊天的时候他突然跟我说："现在不能只知道读书啦，既然学的是金融，就可以去做做生意啊！"我才觉得可以趁着大一学业还不那么繁忙的时候去做一些自己喜欢的事情还能挣钱，挺好的！于是我就想到老爸有个朋友是开水晶厂的，我就问老爸我可不可以去他朋友那里拿货然后我自己开网店，老爸就把他朋友的电话号码给了我让我自己去跟他联系，之后我觉得我爸应该也忘记了这件事情，直到我申请、装修好我的网店之后，我告诉他我的网店要开张了，我爸很震惊还劝我开网店会不会资金不安全或者要收税什么的很复杂，让我不要开了，但我跟他说我把一切都了解清楚了也搞定了，他才真的明白了他当初以为我的一句玩笑话现在成真了，我是认真地要开自己的网店了。很多人也问过我为什么要选择开网店卖自己设计制作的首饰？而且他们也觉得我的创业好像和别人的不太一样，别人都是以合作的形式或者是与自己专业有关的创业，而且其他人创业期初都会投资一大把资金或者不依靠父母的关系。但我觉得，为什么我要创业？就是因为我想做自己喜欢的事情，想完成自己的梦想，如果不能做到的话那我大可不去创业等着毕业了找份安稳的工作就好。为什么可以零成本创业就是因为我找了老爸的朋友帮忙，对于这点有些人可能会觉得我是利用了父母的人际关系，但我觉得这并不是一件坏事，就连比尔·盖茨创业都是依靠他妈妈给他的十万块美元和帮助，创业就应该用所有能用到的关系和方法来促成创业的成功，毕竟关系只是我更快取得材料的来源，当我把货卖出去后一样会付钱给材料供货商。

问题2：创业过程是怎样的？有哪些你觉得还算满意的成就？

从2013年年初开始就一直在申请网店、装修网店并且自己去工厂里挑选水晶玛瑙、珍珠线等原材料，3月开学后，我就把网店的工作搬到学校，在课余时间设计、制作首饰并且拍照放在我的网店上，同时在微博、QQ、朋友圈等个人社交平台上为我的网店做宣传，并告诉我身边的好朋友们和班上的同学们让他们帮我转发宣传，一传十十传百，慢慢地让我的网店的知名度提升上去，之后还是要坚持每天宣传并且在特殊节假日做一些优惠促销活动促进网店的销量。其中最让我满意的是在我开网店的第一个月的净利润达到2 000多元，虽然这个数字不大，但对于第一次自己创业的我来说，从0到2 000这个数字的增长是一种激励，让我在接下来的日子里找到方法，更加努力经营我的网店。

4. 创业困境与解决

问题1：创业过程中遭遇的困难有哪些？如何解决？

我认为最困难的是宣传，首先，个人社交平台本来是用于朋友之间互相了解近况，沟通交流的平台，但我在这个平台上宣传可能会让我的朋友们反感，因为一打开就看到我在刷屏可能会忽略掉很多他们想看到的东西；其次，在社交平台上宣传，面还是比较窄，虽然朋友帮忙转发，但是看到的人还是局限在这个朋友圈里面，没办法扩大到更大的范围，让更多的人看到。所以我后来有尝试花钱在淘宝、新浪的网页做广告等方法，用已经赚到的钱投资在网店的广告上，这样也达到了提高网店知名度和浏览量的作用。

问题 2：是否受过相关的创业辅导？

否。

问题 3：了解政府所提供的相关政策？

只知道网店不用交税，所以较为适合零成本创业的我。

问题 4：给后续大学生创业的建议？

我觉得创业最大的难点也是最重要的一点就是坚持，在创业期初可能会遭遇很多障碍，或者一直无法回本，但一定要坚持下去，只要找到一个自己喜欢的并且觉得有发展空间和潜力的行业就要脚踏实地的坚持下去，总有一天会成功的！

访谈 4：羽将体育用品店：叶展强

店名：羽将体育用品店

成立时间：2013.10.19

投入资本：10 万元

员工人数：2(含本人)

个人资料：叶展强，22 岁，应届毕业生，家族里大多数亲戚都是做服装生意的

问题 1：个人特质与创业

我个人比较随性，不喜欢从早到晚待在一个地方做同样的事情，但是决定了一件事就会坚持实现它。有时想事情比较简单，自己觉得对的、好的就会去实践，不会太在意他人的反对。

因为我的个人特质，在创业的前期会比较欠缺周全的考虑，对未来的发展太过乐观，所以中途遇到的问题还是不少的。

问题 2：创业者动机

当初决定开这家店的原因很简单，因为自己对羽毛球非常热爱，很享受在球场的时间，希望能够一直待在那里，所以想留在大学城。大四刚开学就面临就业问题了，因为当时觉得实习上班太不适合我了，所以还不如自己创业去做自己喜欢的事情。当时就已经做了一个未来五年的规划：首先开一家羽毛球体育用品店，然后在经营过程中把培训班开起来，资本积累到一定程度之后寻找合适的机会与合伙人经营一个羽毛球馆。因为现在是全民运动时期，羽毛球也发展成为广州市市球，越来越多的人参与到了这项运动中，在平时出去各个地方的球馆打球的时候发现很多地方不提前订场还是没场打的，也就是说现阶段还是有点供不应求的。所以我就有了这样的想法了。

其实创业也才刚开始，满意的成就暂时还没看到，唯一值得一提的就是羽将俱乐部的成立。当时想着组织这样一个 qq 群，每周固定组织羽球爱好者打球，一是做一个宣传，二是促进球的内销。

问题 3：创业的困境与解决

首先，在创业的过程中还是遭遇了不少困难的。(1)人流的问题，当初选择地点的时候就知道“爱购”超市人流量不大，只是把筹码压在未来的时间它能慢慢好起来，所以想着先靠人脉再靠人流。但是经营了大半年时间，商场没有一点好转，人流还是没有，只能靠一些朋友介绍什么的来维持收入。我们的解决办法就是发传单和做一些微信公众平台的

转发，但是效果还是比较差的，可能是投入不够大。(2)人力的问题，因为这家店需要销售的品种不多，所以就要销售和培训双管齐下才能有更好的发展，但店里只有两个人，一个人出去、一个人留在店里显得比较勉强，因为有时候一个人在店里不太方便做事。因为请人的话成本压力太大了，所以没办法，后来有几个同学自愿来帮忙看店，才解了燃眉之急。(3)个人问题，因为自己规划的方向就决定了事事都要亲力亲为的，因为前期没有所谓的团队，所以只能自己动手。但是不幸的是在开业三四个月后意外受伤了，行动很不方便，很多事情就这样耽搁了。所以发展比较缓慢，因为有些力不从心。这个问题没法解决，只能是自己好好休养，所以过了四个月才能再全心投入！(4)经营时间的问题，大学城大部分打球的都是学生和老师，所以每年都面临寒暑假的问题，这两个假期基本上没什么人在，所以一年只能做八九个月的生意。解决的方法就是暑期开班培训来保证收入。

其次，未受过相关的创业辅导，也没有看过太多关于创业的书，所以在创业过程中很多时候都是摸着石头过河，遭遇的问题也比较多。

再次，了解的政策不多，只知道有创业补贴和免税这两部分，但在申请过程中也觉得相当的烦琐，最后还是没有拿到。因为手续太麻烦了，所以就没去办。

最后，给后续大学生创业的建议：创业前的准备是十分重要的，最好先让自己拥有足够的知识量，避免走太多弯路，同时，行业的选择和市场调查也要做好，而且最好是有两三个志同道合的合伙人，因为现在一个人打拼真的是跟不上时代的步伐的，需要一个团队来进行创业。如果没有那种坚持的信念和承受压力的心理就要慎重考虑是否创业了。

1.3 大学生创业的特点

2009 年 7—9 月，南开大学创业管理研究中心的调研报告发现，经管类背景的学生创业比例较高。CPSED 首轮调查在北京、天津、杭州、广州、成都、武汉、沈阳和西安八个城市同步开展，在接触 69 990 户家庭的基础上，电话访问了 22 045 人，识别出新生创业者 974 名，其中 601 名新生创业者完成第一轮电话访谈，首轮结果显示中国创业活动态势主要具有以下几个特点：

1. 中国新生创业者呈现出年轻化、知识化趋势，大学生创业比例不断增加

我国新生创业者以男性为主体，占 67.9%；25～44 岁的新生创业者构成主体，达到 61%；63.6%的新生创业者受过高等教育。在新生创业者中，公司或企业的职员占主导地位，比例达到 43.8%。其中专业背景经管专业的新生创业人口比例达到 35.1%，学生占 15.3%。从中我们可以发现，大学生创业的比例在不断增加，同时经管专业背景的更加有利于创业。

2. 大学生创业的类别选择更加丰富

大学生爱休闲，爱玩，而且还能玩出各种各样的花招，敢于向传统宣战。他们大至投资开店，小至伴唱、遛狗、摆地摊，不甘寂寞地把打工玩出了他们任意想象的花样。他们想要获得的不仅仅是金钱，更多的是玩转着兴趣和人生体验上的满足。由此，大学生的创业不断地显露出了“新玩法”。

（1）小成本项目：摆地摊。摆地摊是大学生兼职中比较常见的赚钱方法，它的成本低，回报也相对不高，相对来说比较自由，但是比较辛苦，而且风险大，有时未跟上潮流，一个月的辛苦只能白费。但是也有赚到的，看你自己的本事。

（2）传统项目：服装批发、网上服装店。此类项目是大学生创业、开店的传统项目，很多大学生要创业，首先想到的就是开服装网店。做这类项目，优点是上手快，不需要特别的专业知识，启动资金少。但随着服装行业在中国的日趋饱和，竞争越来越激烈，做服装再想像过去那样轻松赚钱，已经不可能了。大家对生活品质的要求越来越高，各种品牌的服装专卖店大大挤压了传统服装店的生存空间。另外，加盟品牌专卖店，门槛又过高，过高的投资让众多大学生望而却步。

（3）校园加盟项目：著名网站加盟潜力股，含金量高能够加盟到著名的网站，是我们梦寐以求的事情。能得到这样的机会是很难的。今年学贷网在全国高校招募校园合作伙伴，扶持 10 000 名学生创业者，孵化 1 000 名企业家。

（4）开店项目：化妆品项目，化妆品代理、化妆品小店、专柜化妆品几乎是每位学生的必需品，尤其是女生，其优势十分明显，利润空间大，而且容易上手。劣势是，随着超市、专业卖场的兴起，消费者更愿意到这些有信赖感的场所消费。而且，专业的化妆品连锁店也已出现，生意特别好，个人创业选择化妆品，难度也越来越大。

（5）精品饰品项目：精品店、饰品专卖。此类项目是近几年来大学生创业的热门，打开众多创业网，关于此类项目的讨论非常热烈。这类店市场容量大，项目门槛低，加上大学生天生的对时尚饰品的热爱，所以自然地对这类项目有亲和感，热爱也是它的另一个优势。劣势同样有一条，门槛低产生的激烈竞争；另外，此类项目小东西太多，进货、日常点货都很烦琐，耗时巨大，所以需要谨慎选择这类项目。

3. 为了解大学生创业的相关情况

为开展服务大学生创业的各项公益活动奠定基础，促进大学生毕业后的自信创业、科学创业、成功创业，中国传媒大学调查统计研究[①]所对大学生创业问题做了一份调研，为使大家更加了解大学生创业特点，本书将调研报告整理如下：

调查数据：中国青少年网络协会（研究策划和实施）、腾讯网（网络调查平台）、中国传媒大学调查统计研究所（数据分析及报告撰写），共 4 551 个有效样本。

《大学生创业调研报告》我们发现的大学生创业的几个特点：

（1）多数受访者（81.5％）对创业“有兴趣”（包括“很有兴趣”和“较有兴趣”），接近半数的受访者（49.1％）打算“自己创业”或“和朋友共同创业”。“家庭”、“朋友”和“传媒”对创业想法的影响相对最大（分别为 30.0％，24.2％，21.0％）。

（2）在创业之前，多手准备是需要的，“社会历练”、“朋友资源”及“成功者经验”是最被看重的（分别为 74.7％，63.6％，45.2％）。

（3）谈到具体的创业规划，受访者倾向于“进入启动资金少、风险低”（39.6％）或“自己感兴趣”（37.3％）的领域，更多的计划在“工作 1～3 年后”（69.7％），在“自己家乡”

---

① 资料来源：青年网. http://news.youth.cn/2t/11dxsjy/cyjj/201103/t20110309_1505499.htm.

(46.2%)开始创业，并选择"志同道合者"(55.0%)或"有经验的人"(28.7%)作为自己的合作伙伴。

(4) 更多的受访者认为通过自主创业能"实现自我价值"(72.1%)、"享受人生自由"(65.8%)和"实现理想"(59.9%)。但对于应届毕业生的创业行为，存在着矛盾的认识，既认为"是对人生规划的实施"(46.9%)，又同时被看作"是就业环境造成的无奈"(37.5%)。

(5) "资金"、"人脉关系"、"市场环境"和"社会阅历"，被认为是影响创业最主要的客观因素(分别为83.3%，67.4%，47.0%，46.1%)，而"市场意识"、"创新精神"、"责任感"和"合作意识"，被认为是影响创业最主要的主观因素(分别为67.2%、51.0%、47.9%、44.3%)。

(6) 受访者希望能参加针对性强的创业指导课程学习，他们中仅有少数参加过创业辅导课程或创业大赛(11.1%)。

(7) "提供资金、项目双选平台"(58.3%)和"专业培训"(49.7%)是受访者最希望获得的创业服务。

① 大部分的受访者缺少参加创业辅导或大赛的经历，尤其是对于已经走出校门的大学生们而言，在是否参加过创业辅导课程或创业大赛情况的调查，我们发现大部分大学生没有参加过创业类的课程或比赛。情况如图1-3所示：

② 受访者希望有针对性的创业指导课程，主要包括"人际交流与沟通技巧"、"市场营销"、"专业相关的创业实践活动"等(如图1-4所示)。

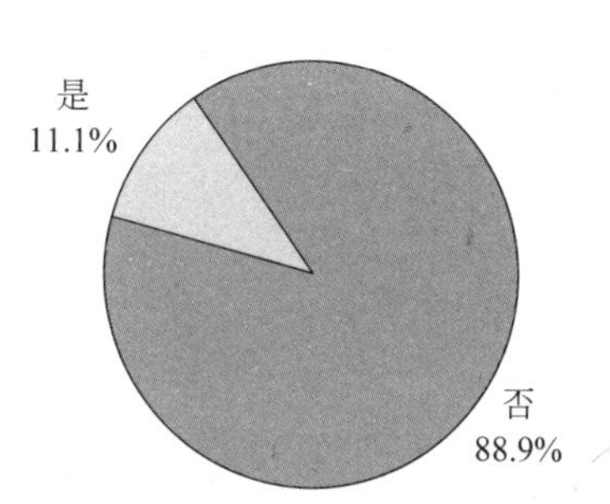

图1-3　是否参加创业课程或比赛

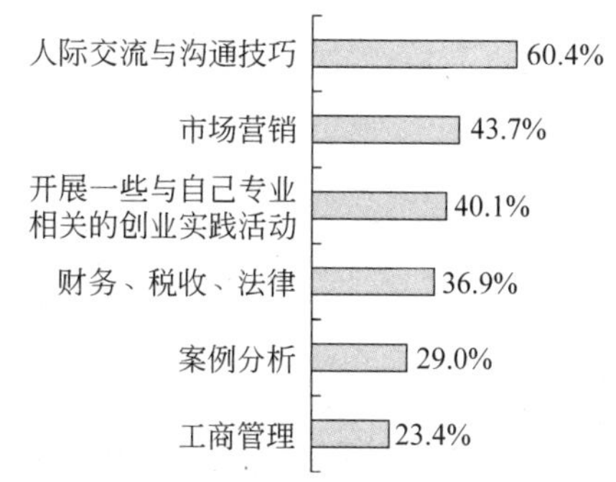

图1-4　大学生希望创业指导课程的内容偏重

③ 各人群都最希望获得"人际交流与沟通技巧"方面的创业指导课程；相比之下，在校生比其他人群更希望"开展一些与自己专业相关的创业实践活动"，而正在创业者则更希望偏重于"市场营销"课程(如图1-5所示)。

④ "提供资金、项目双选平台"和"专业培训"是受访者最希望得到的创业服务(如图1-6所示)。

⑤ 而对于如何看待国家关于大学生自主创业的相关政策，无论校园内外的大学生受访者都对国家创业政策给予了期待，值得注意的是校园外的大学生认为"国家政策很好，但与我关系不大"的比例远高于校园内；而校园内的大学生认为"国家政策很给力，看好大学生创业未来前景"的比例，则显著地高于校园外。

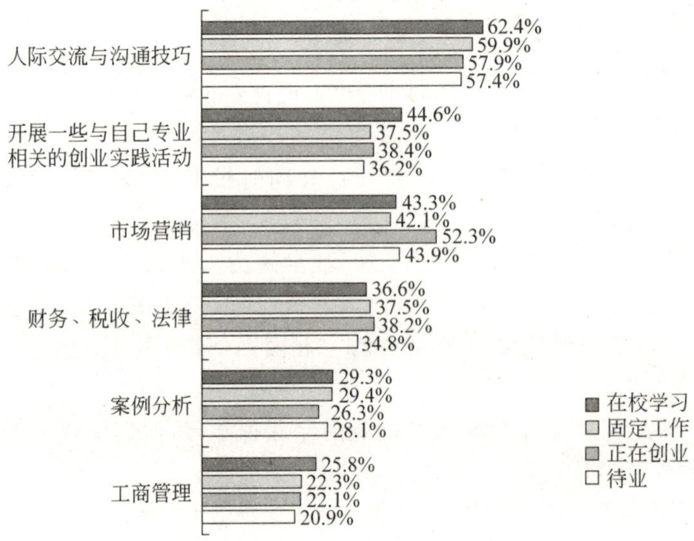

图 1-5　不同类别人群对创业课程的期望

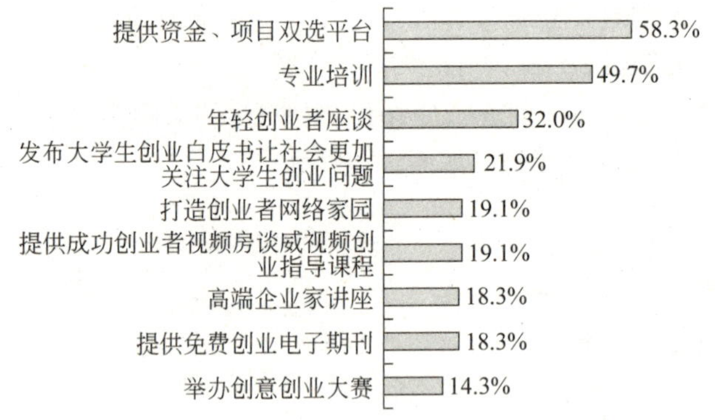

图 1-6　受访者最希望获得的创业相关服务内容

5. 测测你目前的状态——是否有创业打算

大学生中有很多人没有创业的打算，没问题，这是符合规律的。这又一次验证了南开大学管理学院的研究结论——“就业率越高、就业岗位越好的高校，创业的比率越低。选择创业的，有很多是因为找不到合适的工作，甚至是没有找到工作的人的无奈选择。”

这是一个“伪结论”：

是否意味着：如果你就业能力不强，就去创业吧。错！

现实中，真理的实质是：创业的人都是能力比较强的人。不应该是逼上梁山。

但是，学校的就业率高，我们不能沾沾自喜，就业率高、就业质量高，就一定将来一片光明么？创业者，未必就是社会上流、主流，也可能是中流（砥柱）。现在这个社会，只是靠被动的就业，永远成不了社会的主流、上流，成不了中坚力量、中流砥柱。

6. 形势：创业，找死（只有 2%的新企业能撑过 10 年）；不创业，等死

没有人愿意做一辈子打工，即使是高级打工者，要想主导、主宰、主流，必须要靠自己创业。创业的目的很明确，就是作 BOSS，成为自己的主人。

创业，不是被“逼上梁山”，而是人的一种自觉性。

马云：人要有一个梦想。要“HOLD”住梦想，“HOLD” fast to dreams。

没有创造一个企业的梦想，永远不可能成为一个成功的企业家。当然，也不可否认，创业的梦想、想法，随着时间、经历慢慢清晰，渐渐地变得鲜明起来。这是后话。

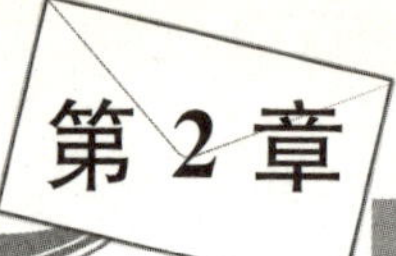

第 2 章 创业者素质和培养

核心问题

- 创业者应当具备怎样的素质?
- 创业者素质如何培养?
- 创业者应具备怎样的品质?

学习目标

- 感悟成功创业者与失败创业者间存在的差异
- 了解一个成功创业者所必需的素质与品质
- 掌握基本的创业者素质的培养技巧
- 了解创业者素质培养所需的外部因素

引例一　成功的创业案例

贴海报发现校园商机?

在 2002 年 9 月,胡启立带着对大学生活的憧憬和从姑姑那借来的 4 000 元学费,到武汉科技学院报到。

大学时间相对充裕,稍不注意就会养成懒散的习惯,胡启立是个闲不住的人,他决定提前走入社会,大一下学期就开始了自己的创业之路,比原定计划提前了半学期。

就在 2003 年春季一开学,胡启立开始给一所中介机构贴招生海报,这是他找到的第一份兼职工作,并且交了 10 元钱会费。

“贴一份 0.20 元,贴完了来结账。”中介递给他一沓海报和一瓶糨糊,胡启立美滋滋地开始往各大校园里跑。

“贴海报,看起来容易,其实很难做的。”胡启立没想到贴份海报,还要受人管,一些学校的保安轻则驱赶一下,严重的会辱骂甚至动手。

3 天后,胡启立按规定将海报贴在了各个校园,结账获得 25 元报酬。同行的几人嫌少,都退出了,而胡启立却又领了一些海报,继续干起来。不过,他心里也开始在想别的门道了。

一次,他在中国地质大学附近贴海报时,看到一家更大的中介公司,就走了进去,在那里遇到一位姓王的年轻人。王某是附近一所大学的大四学生,在学校网络中心搞勤工俭学。几个学生商量，能不能利用网络中心的电脑和师资，面向大学生搞电脑培训。网络中心同意了，但要求学生们自己去招生。

“只要你能招到生，我们就把整个网络中心的招生代理权交给你。”王某慷慨地说。胡启立想，发动自己在武汉的同学帮忙，招几个人应该是没问题，就满口应承下来。

做招生宣传要活动经费，胡启立没有经验，找几个要好的同学商量，结果大家都不知道要多少钱。有的说要5 000元，有的说要2 000元，最后胡启立向王某提出要1 800元活动经费，没想到王某二话没说，就把钱给了他。

胡启立印海报、买糨糊，邀请几个同学去各个高校张贴，结果只花了600元钱，净落1 200元。这是他挣到的第一笔钱。尽管只花了600元钱，但招生效果还不错，一下子就招到了几十个人。然而，这些学生去学电脑时却遇到了麻烦，因为动静搞大了，学校知道了这个事情，叫停了网络中心的这个电脑培训班。胡启立几次跑到网络中心，都没办法解决这个事情。他无意间发现网络中心楼下有个培训班，也是搞电脑培训的，能不能把这些学生送到那去呢？

对方一听说有几十个学生要来学电脑，高兴坏了，提出给胡启立按人头提成，每人200元。非常意外地，胡启立一下子拿到了数千元。在2005年，“胡启立会招生”的传闻开始在关山一带业内传开了。一家大型电脑培训机构的负责人找胡启立商谈后，当即将整个招生权交给他。

随着这家培训机构一步步壮大，胡启立被吸纳成公司股东。但胡启立并不满足，他注册成立了自己的第一家公司——一家专门做校园商务的公司。胡启立谈起成立第一家公司的目的：“校园是一个市场，很多人盯着这个市场，但他们不知道怎么进入。成立公司，就是想做这一块的业务，我叫它校园商务。”

同时，胡启立发现很多大学生通过中介公司找兼职，上当受骗的较多，就成立了一家勤工俭学中心，为大学生会员提供实实在在的岗位。他的勤工俭学中心影响越来越大，后来发展到7家连锁店。“高峰时，每个中心能有一万元左右的纯收入。”

在2005年下半年，由于业务越做越大，胡启立花20多万元买了一辆丰田花冠轿车，在校园和自己的各个勤工俭学点奔跑。去年9月，他又将丰田花冠换成30多万元的宝马320。记者问他为何换名车，他说：“谈生意，好车有时候是一种身份证明吧。”

在给一些培训学校招生的过程中，胡启立结识了一家篮球培训学校的负责人，开始萌生涉足体育培训业务的念头。经过多次考察比较，2006年年底，胡启立整体租赁汉阳一所中专校园，正式进军体育培训。当年招生100余人，2007年的招生规模预计是300人。“以前都是为别人招生，这次总算是为自己招了。”

思考：这个成功的创业案例中，胡启立表现出了一个成功创业者怎样的素质与品质？请尽可能的列举。

引例二　失败的创业案例

没落的家政服务公司

五年前，周朋是汽修厂的职工，失业后创办了友朋家政服务公司，从介绍家庭保姆做起，拓展到保洁、办学、婚介、劳务派遣等业务。友朋家政服务公司在该市独家经营，公司行政人员由 3 人发展到 15 人，由一个职介所扩展到保洁、婚介、职介、劳务、财务 8 个部门，年度纯利润 50 多万元，企业的知名度也越来越高。

然而，随着公司业务量及部门、人员增多，周朋在公司管理上仍处于初始阶段的模式，那种事事不放权、处处要过问的习性，养成了部门行管人员的惰习，大大小小的事部门本可以直接处理的，都需要请示汇报，听候他的最终决定，使他整天忙于接电话、谈项目、处理业务纠纷等。由于长时间工作操劳，导致精神疲惫不堪、情绪波动、喜怒无常，部门请示汇报的事久拖不决，要么遗忘不办而导致种种误会，公司诚信度不断下降。此外，周朋在日常生活工作中稍有不顺畅，便向行管人员发无名火。家长式的管理作风，让老行管人员弃他而去，新人员更换不休。随着家庭服务市场新公司成立和业务方面激烈竞争，友朋家政服务公司业务量逐步减少，利润逐月下降，周朋不得不缩小业务范围、减少员工人数来维持公司现状。

思考：这个失败的创业案例中，周朋表现出了一个失败创业者怎样的不足？请尽可能的列举。

2.1 创业者所必需的素质

创业者(entrepreneur)，是指创建新企业与新组织机构的人，他们是这样一个独特群体。他们是每个社会团体中最不安分、最突出、最富有生命力及创造力的一个群体。创业者必须是一个新事业的创建者，必须具有创新精神，而且必须是一个团体的绝对核心人物，少了这个核心人物，该组织将运转不畅。这是成为一名创业者的基本条件。创业人才除了需要具有一般人才的共同特征外，还需要具有开创性，即创业者要能有所超越地继承前人的经验和知识，关键在于他们能发展、能超越、能开拓进取、能追求创新。

在欧美学术界和企业界，人们认为组织管理一个企业或项目并对其风险负责的人就是创业者。创业者通常有两个基本定义：一是指公司老板，即现有企业的最高领导人，主要负责企业的经营和决策等大方向。二是指创始人，通常定义为即将创办新公司或者是刚刚创办新公司的，负责企业一切事项。

美国心理学家约翰·麦纳(John B. Miner)在对 100 位事业有成的创业企业家跟踪调研 7 年后，心理学家约翰·麦纳发现这些创业者身上存在共同的人格特质，他根据这些创业者的特质不同大概可以分为四种类型：追求成就型、推销高手型、无敌主管型和非常富有创意型。

美国学者 SteveMariotti 的研究结论是创业者的素质也能培养出来，他认为以下这 12 种素质是创业者需具备的素质：核心竞争力、适应能力、乐观自信、有纪律、有目标、为人诚实、有组织能力、坚韧毅力、具有说服力、爱冒险、有同情心和视野开阔。

美国卡鲁创业家协会对 75 位美国成功创业的企业家的研究表明，成功创业者必须具有强健的体魄、超越、远大理想、知识渊博、人缘好、有控制欲、乐观自信、危机感、脚踏实地、稳重、爱冒险及挑战。

美国管理协会在 20 世纪 70 年代用了 2 年时间，从一千多家企业中选出百名最成功的创业者，将他们的基本素质归纳为19项。以下是日本企业界对创业者素质提出多项标准：头脑活络，有远见和洞察力、对商家敏感，有高尚的品德，有广博的见识，能勤奋工作，且技术过硬、有团队精神，能与下属、同事、关系单位相处融洽，能给周围的人带来好的影响，有人气。创业者应该具有把企业的成长与全体职工的利益联系在一起的信念，能认清企业的社会责任感，回报社会。

美国的一个研究部门在1992年对数千名最高管理层人员与企业老总的调查结果表明，创业者最重要的14项素质与能力如表2-1所示，其按重要程度排序。

表2-1　创业者个人能力与素质排序表

1. 财务管理经验与能力	8. 行业及技术知识
2. 交流与人际关系能力	9. 领导与管理能力
3. 激励下属的能力	10. 对下属的培养与选择能力
4. 远见与洞察能力	11. 与重要客户建立关系的能力
5. 自我激励与自我突破	12. 创造性
6. 决策与计划能力	13. 组织能力
7. 市场营销能力	14. 向下级授权的能力

从世界各国学者对创业者素质概念的表述和解释来看，系统的理论体系至今还没有形成。目前有的界定是从功能或者说是职能的角度来研究，有的界定却是从经营的绩效指标、现场管理能力等角度来分析，有的分析力从资本价值角度来着手。综合许多优秀学者对“创业者”的定义及创业者素质的分析，结合当代大学生创业现状，本章节结合分析了大学生创业者所需的各项素质，并提供了一些自我提升的小建议。

2.1.1　对创业机会与创业形势的敏感

“不安分者”眼中的商机

高中毕业后干起家电维修的小胡和小姜，每天都以修收录机、电视机为生，但前者是一个经营上的“不安分者”，后者则是一个循规蹈矩的“老实人”。不久前，小胡又突发奇想，寻找到新的商机：他发现当地的农民用上了自来水后，将来就有可能使用洗衣机，有洗衣机便会有维修洗衣机的业务。于是，他买回本地市场上常见品牌的洗衣机供周围的人使用，目的之一是让人们尝尝洗衣机的甜头，目的之二是学习洗衣机的结构，保养和维修。果不其然，一年后，一台台洗衣机进入农村，维修业务几乎全被小胡包揽了，而小姜只能眼睁睁看着自己失去一次扩大维修范围的机会。一般人总是等着机会从天而降，而不是通过努力工作来创造机会。

思考：为什么小胡最后会取得创业的成功？

1970年，Hornaday和Bunker在《人事心理学》一书中就开始讨论成功创业者的心理特征。Kirzner(1973)试图将经济学与心理学联系起来，他提出了一个描述创业者心理认知特征的术语——敏感。他认为创业者具有一般人所不具有的能够敏锐地发现市场、获得机会的“敏感”，只有具备这种敏感的人才能被称为创业者。Kirzner的理论引发了许多心理学学者对于创业问题的研究，特别是对创业者心理特性、人品特征、成就动机、冒险倾向等方面的研究。

Mc-clelland从成就动机理论出发对成功创业者特征进行了分析。Lachman认为，那些拥有创业心理特征的人员比不具备创业心理特征的人员具有更高的实施创业行为的倾向。

熊彼特(1934)则赋予创业者以创新者的形象，认为创业者的职能就是实现生产要素新的组合。创业是实现创新的过程，而创新是创业的本质和手段。创业者是通过利用一种新发明，或者更一般地利用一种未经试验的技术可能性，来生产新商品或者用新方法来生产老商品；通过开辟原料供应的新来源或开辟产品的新销路；通过改组工业结构等手段来改良或彻底改革生产模式。熊彼特强调创业者的职能主要不在于发明某种东西或创造供企业利用的条件，而是在于有办法促使人们去完成这些事情。

综合上面一些理论分析，可见“创业者”同时意味着“创新者”，他们有着重整社会架构、促进社会生产力发展并从中获利的动机。创业者的敏感，是对外界变化的敏感，尤其是对创业机会的快速反应。只有及时发现并捉住创业机会，才能先人一步抢占市场，开创自己的事业。Timmons (1999)使用了机会窗口(window of opportunity)的概念。机会窗口不会永远打开，有的机会窗口打开时间非常长，有的则非常短。美国的一项对创业投资的研究调查发现，当机会窗口的时间短于3年，新事业投资失败率会高达80%以上；如果机会窗口的时间超过7年，则几乎所有投资的新事业都能获得丰厚的回报。机会识别能力要求创业者能够判断机会窗口的长短，还要准确感知和识别消费者没有被满足的需要，并花费大量的时间和精力去寻找可以给消费者带来真正有价值的产品或服务，捕获到高质量的商业机会。

有些人的商业感觉是天生的，更多人的商业感觉则依靠后天培养。如果你有心做一个创业者，你就应该像训练猎犬一样训练自己的商业感觉。具体要如何训练并没有固定的章法，但以下的小建议有启发作用：

- 从自己的欲望出发，设想自己想要做的事情、发展的方向；
- 发现其他人没有注意到的细节，偶然发生的一些细节或一些现象，并有针对性地积极去思考，多与他人讨论；
- 阅读一些名人传记、听成功人士讲座，分析周围的成功人士如何利用机会和资源，借鉴他人看待事物的方法和眼光去想问题，长期积累成一种对机会敏感的思维模式；
- 多参加思维训练，开发自己的创新思维。

除了要对创业机会敏感外，一个创业者还应具备的基本素质就是对“势”的敏感。

“势”可指时代潮流，也可指国家政策，比如说在电子信息时代的今天，逆势而行发展“大哥大”通话机是完全不可行的。创业的人，一定要跟对形势，要研究政策。这是大势。

对一个创业者来说，大到国家领导人的更迭，小到一个乡镇芝麻小官的去留，都会对自己有影响。在政策方面，国家鼓励发展什么，限制发展什么，对创业的成败更有莫大关系。做对了方向，顺着国家鼓励的层面努力，可能事半功倍；做反了方向，比如说，某个行业、某类型企业，国家正准备从政策层面进行限制、淘汰，你偏赶在这时懵懵懂懂一头撞了进去，一定会鸡飞蛋打。同样的，积极了解最近国家打算扶持什么、发展什么，对发现创业机会也有很大的促进作用。

2.1.2　积极良好的人际交往与拓宽人脉的能力

“朋友”助造的千万富翁

吴櫈华是上海香港商会理事兼公共事务副会长、中国香港体育会会长、上海市公共关系协会副会长、上海利苑金阁餐饮有限公司董事、上海威顺康乐体育咨询有限公司董事长、总经理等。他的个人财富目前已超过 1 000 万元。

创富经历：

1. 上海香港商会的一位副会长的朋友由于工作调离上海，推荐吴櫈华成了香港商会的副会长；

2. 2000 年，在朋友的介绍下，他担任了一家外资咨询公司的高级副总裁。

3. 1999 年，在朋友的推荐下开始投资房地产。他通过一些朋友内部购买打折房或在开盘前提前购买，最多时手上有十几套房产。1998 年，在房地产行业朋友的建议下陆续把房产变现，收益颇丰。

4. 2004 年年底，在朋友的推荐下负责一家餐馆的全权管理，一个月后，餐馆的营业额明显增长，仅由他介绍的朋友而产生的营业额就达到 20 多万元。

在他的经历描述中不难看出，“朋友”这个关键词出现了许多次。关于人脉网络，吴櫈华曾对记者直言，自己有两三千个朋友，每年都会见面 3～4 次的有近约 1 500 个，而经常性见面和联系的有三四百人之多。也就是说，按照 1 年 365 天计算，吴櫈华每天至少要见 12～17 人次的朋友，在他住院时会有上百人前来探望，生日 party 有三四百名朋友来参加。

为了随时认识更多的朋友，吴櫈华随身都带着自己的名片。“哪天要是出去没有带名片，我会浑身不自在。”吴櫈华笑着对记者说，“就像自己没有带钱出去一样。”因为，朋友或者人们通常说的人脉，在吴櫈华的事业中，担当着不可或缺的角色。

思考：“朋友”对创业者来说为何如此重要？

社会学把创业者与创业活动置于一个社会背景下，强调从外部社会来研究创业者和创业现象。Woodward (1988)从微观角度研究了创业者个人的社会网络问题，认为社会网络在帮助创业者建立和发展企业时扮演了积极的角色，个人的社会网络特性可以提高他去实际创办一家企业的概率。因此，成功的创业者往往会花费大量的时间去建立个人的社会网络以帮助新创企业的成长。当创业者能够通过社会网络得到充足而及时的资源时，他就容易取得成功。Robert A. Baron 和 Gideon DMarkman (1999)研究了创业者的社交能力对其创业的影响，他们通过对创业者社交能力各方面的调查，认为创业者一般都能有效地利用周围的社会关系与社会资源。社交能力一般建立在创业者良好的名誉和广泛的社会网络的基础上，这种良好的社会资本有利于帮助创业者接近对他们的成功有重要影响的人。因此，在其他因素相等的情况下，创业者的社交能力强，对创业的影响越大，创业成功的概率越高。

新东方学校的俞敏洪讲过一句话，"你要想知道你今天究竟值多少钱，你就找出身边最要好的 3 个朋友，他们收入的平均值，就是你应该获得的收入。"

一个人的成功只有 15%～20%归功于他的真才实学，比如技术、知识水平，但技术更好、更博学的人可能很多，创业成功的却依旧很少，为什么呢？主要原因在于另外 80%～85%的成功因素——人的交往能力、应对能力，这就是软实力。

人脉资源是创业者资源中很重要的一部分，一个最广泛的人际网络不仅有利于获取信息，更有利于推进创业发展、拓展业务、打通不同层面的市场等，否则他的创业一定会非常艰难，即使其初期能够依靠领先技术或者自身素质，比如吃苦耐劳或精打细算，获得某种程度上的成功，但他的事业一定做不大。

创业者人脉资源，按其重要性来看，第一是同学资源。现在社会上同学会很盛行，仅北京大学，各种各样的同学会就不下几十个，据说其中有一个由金融投资家进修班学员组成的同学会，仅有 200 余人，控制的资金却高达 1 200 个亿，殊为惊人。

周末的时候，在北大、清华、人大等校园里，会发现许多人花了大价钱从全国各地来进修的成年人。对这些人来说，参加进修班能够学知识，更重要的是能够交朋友，如企业家班、金融家班、国际 MBA 班等班级的学生，交得起学费并来参加这些比较高级的进修班的人往往是各行各业或者某家大公司中举足轻重的人物。所以在某些学校的招生简章上它也会明白无误地告诉对方：拥有××学校的同学资源，将是你一生最宝贵的财富。

同学之间因为接触比较密切，彼此比较了解，在走向社会后各有发展，所以友谊一般都较可靠，纯洁度更高，是很珍贵的人脉资源。

除此之外，还有各种各样社交场合中认识的朋友，各式各样的职业人，都能发展成为我们的人脉资源，因此拥有积极良好的人际交往与拓宽人脉的能力非常重要。除了多积极参加社会活动，认识更多的人以拓宽人脉以外，良好的交往技巧和交往原则也非常重要。

人际交往七大原则：

1. 尊重原则

尊重包括两个方面：自尊和尊重他人。自尊就是在各种场合都要尊重自己，维护自己的尊严，不要自暴自弃。尊重他人就是要尊重别人的生活习惯、兴趣爱好、人格和价值。只有尊重别人才能得到别人的尊重。

2. 真诚原则

只有诚以待人、胸无城府，才能产生感情的共鸣，才能收获真正的友谊。没有人会喜欢虚情假意，多少夸夸其谈都会败下阵来。

3. 宽容原则

在人际交往中，难免会产生一些不愉快的事情，甚至产生一些矛盾冲突。这时候我们就要学会宽容别人，不斤斤计较，正所谓退一步海阔天空。人不犯我，我不犯人。人先犯我，礼让三分。不要因为一些小事而陷入人际纠纷，这样我们会浪费很多时间，同时也变得很自私自利和渺小。

4. 互利合作原则

互利是指双方在满足对方需要的同时，又能得到对方的报答。人际交往永远是双向选择、双向互动。你来我往，交往才能长久。在交往的过程中，双方应互相关心、互相爱护，既要考虑双方的共同利益，又要深化感情。

5. 理解原则

理解是成功的人际交往的必要前提。理解就是我们能真正的了解对方的处境、心情、好恶、需要等，并能设身处地的关心对方。有道是"千金易得，知己难求"，人海茫茫，知音可贵啊！善解人意的人，永远受人欢迎。

6. 平等原则

与人交往应做到一视同仁，不要爱富嫌贫，不能因为家庭背景、地位职权等方面的原因而对人另眼相看。平等待人就不能盛气凌人，不能太嚣张。平等待人就是要学会将心比心，学会换位思考，只有平等待人，才能得到别人的平等对待。

7. 信用原则

言必信，行必果。"人，无信不立"、"言而无信非君子"。要取信于人：第一，要守信，言行一致，说到做到。第二，要信任，不仅要信任别人，而且要争取赢得别人的信任。第三，不轻易许诺。第四，要诚实，答应别人的事要尽量做到，做不到的要讲清楚，以赢得对方的理解。第五，要自信，给别人以信赖感和安全感。

2.1.3 开拓的视野和敢闯敢拼的胆量

一个偏执狂与他创下的"维珍"帝国

夹克衫、牛仔裤、长头发、乱糟糟的胡子，活脱脱一个嬉皮士，还有比这更糟糕的CEO吗？这样的人也会创造神话？也许世界上只有理查德·布兰森是这样的CEO，然而又的确是他创造了神话。用英特尔前CEO格鲁夫的那句名言形容理查德·布兰森也许再合适不过了，那就是——只有偏执狂才能生存。1950年7月18日，布兰森出生在英国的一个中产家庭，从小就被送到公立学校学习自立。在这里他被证明是个"大麻烦"——由于患有阅读障碍症导致学习不良，他每周都会受到鞭打；虽然一开始是个体育健将，可在一次受伤后，他的体育和学业都成为全班最后一名；更要命的是，布兰森对于数字天生迟钝，无论如何也做不好基本的算术题。但他从小就具有商业头脑。

一个偶然的机会，布兰森发现由于当时唱片店的零售价过高，可以打折的邮购唱片业务比《学生》杂志的赚钱速度要快得多，于是决定全力投入。布兰森被逼无奈，只好去开唱片实体店。唱片店寄居在一家鞋店的阁楼上，"租金"就是给鞋店老板许诺可以吸引很多人在买唱片的同时买鞋子(当时尚没有"注意力经济"这一说法，否则布兰森就可以为自己的这一创举找到理论依据了)。唱片店终日弥漫着音乐，店员与顾客可以随躺随坐，吸食麻醉品，谈论音乐与性。这间唱片店吸引了大量音乐迷，取得了极大的成功，更重要的是奠定了维珍集团企业文化的核心理念：维珍是一个让人开心的地方，它代表了一种新的生活方式。

面对随后而来的财务危机，年少轻狂且经验不足的布兰森不断地隐瞒海关，偷税漏税，不久后终于栽在一次偷税中——中学校长的第一个预言成真：他成了罪犯！在狱中，他终于意识到名誉对于商人的重要意义，发誓再不做违法的事情。

由于布兰森有阅读障碍，所以他特别相信自己的直觉，认为自己可以在60秒内判定一个人，也可以在60秒内判定一个商业计划，但是当美国律师伦道夫·菲尔茨问他是否有兴趣经营一家航空公司时，他还是考虑了整整一个周末，并不断告诫自己："别受诱惑！拒绝考虑！"两天后，他终于按捺不住，开始摩拳擦掌，甚至连西蒙扔出"你如果要弄航空，就从我尸体上跨过去！"的威胁也不能阻止他。除了承诺维珍航空和维珍唱片相互独立外，布兰森的另一理由是"好玩"——这也是他的基本商业原则之一。从娱乐界进军毫无经验、门槛很高的航空业，布兰森的行为被当时的很多财经界人士视为"自杀"。

的确，航空公司一点也不好玩，民航管理局不批准，发动机起火，而且伦道夫把航空公司的职员全给得罪了，布兰森不得不用100万英镑把他清除出去。但是，经过布兰森和维珍航空的员工们无数次的通宵奋战，维珍终于克服了一切障碍，首航成功。

第一次海湾战争重创了国际航空业，也让布兰森以异乎寻常的方式卷入了战争。当时，萨达姆扣押了一批英国人充当人体盾牌，布兰森利用他与约旦国王侯赛因的私人关系多方斡旋，之后终于驾驶着维珍航空的飞机飞往巴格达，成功地带回了人质，成为英国的英雄。可这一勇敢行为是一把双刃剑，他也用自己的勇敢行为为维珍公司做了一次极好的免费宣传。

纵观他的人生，他还做过许许多多大胆而冒险的事，所以提起理查德·布兰森，人们总是会想起这么一段话：

"他，在英国媒体的民意测验中被评选为'英国最聪明的人'；

他，往往有惊人之举，曾经裸奔宣传公司产品，是英国最抢镜头的'嬉皮士资本家'；

他，曾经驾驶热气球驶入纽约的'时代广场'；

他，曾经在海湾战争时驾驶自己的飞机进入巴格达解救人质；

他，被看成是一个傲慢的暴发户，却同时是世界各大公司CEO的偶像……这些天马行空、看似毫无关联的因素构成了理查德·布兰森，维珍集团的董事长兼总裁，企业界的顽童，欧美家喻户晓的明星，世界上最富传奇色彩的亿万富翁。"

思考：理查德·布兰森的哪些"胆大妄为"的行为推进了他的创业之路？

钱德勒(A lfred D. Chandler)通过研究发现，美国社会文化更有益于推崇个人开拓和冒险精神，这种崇尚克服困难、除弊革新的创业精神，促使了敢于创新、勇于冒险、努力追求个人成功的企业家精神的形成。

"创业者"(entrepreneur)一词中原来的含义即带有冒险家的意思。而对于创业者竞争与冒险的特性认知更多地来源于研究者对企业家特质与创业动机的分析。熊彼特指出企业家最突出的动机来于“个人实现”的心理，他认为“企业家精神”包括这样几个方面：一是要建立私人王国。这是一种企业家经常存在的梦想和意志的体现。二是对胜利的热情。企业家存在有征服的意志、战斗的冲动，追求成功本身。三是创造的喜悦。企业家以冒险为乐事，存在有创造的欢乐，其本身是典型的反享乐主义者。四是坚强的意志。企业家需要有创新和意志上的努力，去为设想和拟订出新的组合而搏斗，并设法使之成为现实。

能够容忍不确定性是创业者个性特征中的核心品质，创业本身就是一项冒险活动。赌徒最有胆量，敢下注，想赢也敢输，所以，他们最适合创业。科学研究发现，赌徒的心理承受能力远远强过普通人，而创业正是最需要强大心理承受能力的一项活动。一个好的创业者应当具有这样的意识：自信、创新、冒险、富有挑战精神。

创业者不一定是个风险喜好者，但一定不能是风险厌恶者。“创业”本身就意味着创新、开拓，本身就伴随着非常大的风险，一个存在风险厌恶的创业者做起事来畏首畏尾，束缚住自己，反而更不可能成功。一个创业者应对风险、模糊和不确定性有一定的容忍度，乐观而清晰地看到公司的未来从而保持勇气，通过仔细定义目标、战略，并通过丰富的知识对未来做好具有充分可行性的谋划，控制和监督自己的行动方式，并按照可预见的未来加以调整，减少了创业风险。成功的创业者把压力化为动力，并且具有胆量去想常人所不敢想、做常人所不敢做，将绩效最大化，并把负面影响和沮丧情绪最小化。

2.1.4 良好的团队合作能力

腾讯五人团队创业故事

这是一个难得的兄弟创业故事，其理性堪称标本。

12 年前的那个秋天，马化腾与他的同学张志东“合资”注册了深圳计算机系统有限公司。之后又吸纳了三位股东：曾李青、许晨晔、陈一丹。这 5 个创始人的 QQ 号，据说是从 10001 到 10005。为避免彼此争夺权力，马化腾在创立之初就和四个伙伴约定清楚：各展所长、各管一摊。马化腾是 CEO（首席执行官），张志东是 CTO（首席技术官），曾李青是 COO（首席运营官），许晨晔是 CIO（首席信息官），陈一丹是 CAO（首席行政官）。

之所以将创业五兄弟称之为“难得”，是因为直到 2005 年的时候，这五人的创始团队还基本是保持这样的合作阵形，不离不弃。直到做到如今的帝国局面，其中四人还在公司一线，只有 COO 曾李青挂着终身顾问的虚职而退休。

都说一山不容二虎，尤其是在企业迅速壮大的过程中，要保持创始人团队的稳定合作尤其不容易。在这个背后，工程师出身的马化腾从一开始对于合作框架的理性设计功不可没。

从股份构成上来看。5 个人一共凑了 50 万元，其中马化腾出了 23.75 万元，占了 47.5%的股份；张志东出了 10 万元，占 20%；曾李青出了 6.25 万元，占 12.5%的股份；其他两人各出 5 万元，各占 10％的股份。

虽然主要资金都由马化腾所出，他却自愿把所占的股份降到一半以下——47.5％，“要他们的总和比我多一点点，不要形成一种垄断、独裁的局面。”而同时，他自己又一定要出主要的资金，占大股。“如果没有一个主心骨，股份大家平分，到时候也肯定会出问题，同样完蛋”。

保持稳定的另一个关键因素，就在于搭档之间的“合理组合”。

据林军回忆说，“马化腾非常聪明，但非常固执，注重用户体验，愿意从普通用户的角度去看产品。张志东是脑袋非常活跃，对技术很沉迷的一个人。马化腾技术上也非常好，但是他的长处是能够把很多事情简单化，而张志东更多地是把一个事情做得完美化。”

许晨晔和马化腾、张志东同为深圳大学计算机系的同学，他是一个非常随和而有自己的观点，但不轻易表达的人，是有名的“好好先生”。而陈一丹是马化腾在深圳中学时的同学，后来也就读深圳大学，他十分严谨，同时又是一个非常张扬的人，他能在不同的状态下激起大家的激情。

如果说，其他几位合作者都只是“搭档级人物”的话，只有曾李青是五个创始人中最好玩、最开放、最具激情和感召力的一个，与温和的马化腾、爱好技术的张志东相比，是另一个类型。其大开大合的性格，也比马化腾更具备攻击性，更像拿主意的人。不过或许正是这一点，也导致他最早脱离了团队，单独创业。

后来，马化腾在接受多家媒体的联合采访时承认，他最开始也考虑过和张志东、曾李青三个人均分股份的方法，但最后还是采取了 5 人创业团队，根据分工占据不同的股份结构的策略。即便是后来有人想加钱、占更大的股份，马化腾说不行，“根据我对你能力的判断，你不适合拿更多的股份”。因为在马化腾看来，未来的潜力要和应有的股份匹配，不匹配就要出问题。如果拿大股的不干事，干事的股份又少，矛盾就会发生。

当然，经过几次稀释，最后他们上市所持有的股份比例只有当初的 1/3，但即便是这样，他们每个人的身价都还是达到了数十亿元人民币，是一个皆大欢喜的结局。

可以说，在中国的民营业中，能够像马化腾这样，既包容又拉拢，选择性格不同、各有特长的人组成一个创业团队，并在成功开拓局面后还能依旧保持着长期默契合作，是很少见的。而马化腾成功之处，就在于其从一开始就很好地设计了创业团队的责、权、利。能力越大，责任越大，权力越大，收益也就越大。

思考：这个故事里他们出现了怎样的矛盾？又是怎样解决的？他们各自拥有怎样的团队合作能力？

管理学主要从组织行为的角度来分析创业者的行为，研究的焦点是创业者和组织之间的关系以及创业者在企业组织中的领导职能。Jean Baplisle Say 认为，创业者是生产过程的协调者和领导者，一个成功的创业者必须具有判断力、毅力、广博的知识以及非凡的管理艺术。英国经济学家马歇尔认为创业者应是创新者，他认为创业者在企业中担任多重领导职能，如管理协调、中间商、创新者和承担不确定性风险等。一个真正的创业者必须具备两个方面的能力：一方面他必须对自己经营的事业了如指掌，有预测生产和消费趋势的能力；另一方面他必须有领导他人、驾驭局势的能力，善于选择自己的助手并信赖他们。Jean Baplisle Say 和马歇尔都提出了创业者需具备经营能力（预见和预测商机的能力)和管理能力(决策、组织、控制、协调、领导能力)。

归根结底,就是一个好的创业家应该具有良好的团队协作能力和团队领导能力。现代社会是一个群体生活的现实表现,比如城市的生活离不开任何一个行业,这样的协作其实就是一个人类社会互相扶持的例子,而说到团队精神也是这样的,企业也是一个团队,企业需要团队合作的精神,因为这样企业发展才可以稳固。

所谓团队合作能力,是指建立在团队的基础之上,发挥团队精神、互补互助以达到团队最大工作效率的能力。对于团队的成员来说,不仅要有个人能力,更需要有在不同的位置上各尽所能、与其他成员协调合作的能力。

一个人创业受能力、资源、知识面等因素的限制,所面临的风险更大,多一个伙伴就是多一份力量,所以作为一个创业者,拥有良好的团队合作能力非常的重要。这其中既包括了与他人友好相处,又包括了如何更好地激发创业团队的热情与创造力。以下几点是在团队协作或领导团队时需要铭记在心的准则:

(1) 包容成员

团队工作需要成员在一起不断地讨论,如果一个人固执己见,无法听取他人的意见,或无法和他人达成一致,团队的工作就无法进行下去。团队的效率在于配合的默契,如果达不成这种默契,团队合作就不可能成功。为此,对待团队中其他成员时一定要抱着宽容的心态,讨论问题的时候对事不对人,即使他人犯了错误,也要本着大家共同进步的目的去帮对方改正,而不是一味斥责。同时也要经常检查自己的缺点,如果意识到了自己的缺点,不妨将它坦诚地讲出来,承认自己的缺点,让大家共同帮助你改进,这是最有效的方法。

(2) 保持谦虚

任何人都不喜欢骄傲自大的人,这种人在团队合作中也不会被大家认可。可能你在某个方面比其他人强,但你更应该将自己的注意力放在他人的强项上,只有这样,才能看到自己的肤浅和无知。因为团队中的任何一位成员,都有自己的专长,所以必须保持足够的谦虚。

(3) 资源共享

团队作为一个整体,需要的是整体的综合能力。不管一个人的能力有多强,如果个人能力没有充分融入团队中,到了一定阶段必定会给整个团队带来致命打击。资源共享作为团队工作中不可缺少的一部分,可以很好地评估团队的凝聚力和团队的协作能力,这也是一个团队能力的客观体现。故提高团队的资源共享度是可以让团队健康发展、稳定发展的基础。

(4) 个性,坚持自己的特质

团队精神不是集体主义,不是泯灭个性、扼杀独立思考。一个好的团队,应该鼓励和正确引导员工个人能力的最大发挥。团队成员个人能力的最大发挥,其实是个人英雄主义的最好体现。个人英雄主义在工作中往往表现为个性的彰显,更包含有创造性的工作以及勇于面对压力和敢于承担责任的勇气。

团队若能给团队成员提供一个充分施展、表现自己才能的机会,那么,这将会为团队带来永不枯竭的创新能力!诚然,团队精神的核心在于协同合作,强调团队合力,注重整体优势，远离个人英雄主义，但追求趋同的结果必然导致团队成员的个性创造和个性发挥被扭曲、湮没，而没有个性，就意味着没有创造，这样的团队只有简单复制功能，而不具备持续创新能力。

团队不仅仅是人的集合，更是能量的结合与爆发。作为团队成员，不要因为身处团队之中就抹杀了自己的个性特质。记住，团队制度的建立是为了更好的发挥成员的才能，只要你不逾矩，那你就完全可以随心所欲。“八仙过海，各显神通”地开展你的工作。

(5) 团队利益，至高无上

皮之不存，毛将焉附。团队精神不反对个性张扬，但个性必须与团队的行动一致，要有整体意识、全局观念，要考虑到整个团队的需要，并不遗余力地为整个团队的目标而共同努力。只有当团队成员自觉思考到团队的整体利益时，他才会在遇到让人不知所措的难题时，以让团队利益达到最大化为根本，义无反顾地去做，自然不会因为工作中跟相关部门的摩擦而耿耿于怀，也不会为同事之间意见的分歧而斤斤计较，更不会因为公司对自己的一时错待而怨恨于心。对上司和公司的决定需要保持高度的认同感，这也是全局意识的一种体现。因为上司或公司高层正是一个团队的指挥中枢，每位下属或员工都必须听命于他们，与他们精诚合作，这个团队才能保持旺盛而持久的战斗力，企业才能发展壮大。在团队之中，一个人与整个团队相比，是渺小的，太过计较个人得失的人，永远不会真正融入团队之中！而拥有极强全局意识的人，最终会是一个最大的受益者！

(6) 共同的目标与合作的乐趣

强调团队合作，并不意味着否认个人智慧、个人价值，个人的聪明才智只有与团队的共同目标一致时，其价值才能得到最大化的体现。成功的团队提供给我们的是尝试积极开展合作的机会，而我们所要做的是，在其中寻找到我们生活中真正重要的东西——乐趣，工作的乐趣、合作的乐趣。团队成员只有对团队拥有强烈的归属感，强烈地感觉到自己是团队的一员，才会真正快乐地投身于团队的工作之中，体会到工作对于人生价值的重要性。

(7) 永不抛弃

杰克·韦尔奇有句关于团队的名言：你可以拿走我的企业，但不能拿走我的团队，只要我的团队在，我就能再开创一个更加辉煌的企业。这是通用的路标，也是我们现代企业必须秉持的原则。现代企业需要协调不同类型、不同性格的人员共同奋斗，如果你不是一个领军型人才，如果你缺乏一定的合作精神，那么，你的晋升之路将倍加坎坷，甚至遥遥无期。

不是“他们”、“你们”、“你”、“他”、“我”，而是“我们”！如果你想成为一名合格的团队领导，甚或只是一名合格的团队成员，那么，你就必须努力养成不在团队中使用第一人称的习惯，因为你在团队中所做过的每一件事情，几乎都是与他人一起合作完成的，都是由“我们”共同来承担的。

所以，当你又想说出“我”这个字的时候，请你认真回想一下你所有的同事、伙伴和下属，以及那些你可能遗漏的人们……如果你经常使用“你们”“他们”等人称，那么在无形中你就会表现出一种疏离感，散发出一种“生人勿近”的气息，久而久之，你会被整个团队孤立起来，成为一个和谐团队中最不和谐的音符。这样的你，又何谈事业与前程？管理者和企业员工在用“我”来代替整个团队的“我们”时，就已经习惯了把整个团队的功劳归于己身，在论功行赏时忽视整个团队的努力，使整个团队都成为“我”本身的附属品，致使团队人心涣散、一盘散沙，战斗力也无从谈起。一个企业就像一部机器，机器的正常运转需要每个部件的相互配合，缺一不可，否则，就会影响整个企业的效率，使整个团队处于瘫痪状态。

2.1.5 不断自我反省与学习的能力

史玉柱：从“负翁”再到“富翁”

1989年，史玉柱研究生毕业后“下海”，在深圳研究开发M-6401桌面中文电脑软件，获得成功。史玉柱将他的软件拿去压缩成一种卡，可以装进电脑主机里。“汉卡”这个名字由此而来。

1991年，史玉柱通过其天才般的营销能力，使M-6401的升级版M-6403汉卡的销售量一跃成为全国同类产品之首，获纯利1 000多万元。随后，巨人公司又开发出中文手写电脑、巨人传真卡、中文笔记本电脑、巨人财务软件、巨人防病毒软件、巨人中文电子收款机等产品。1992年，巨人集团的M-6403汉卡卖出了28万套，实现利润3 500万元，并成为一家资本超过1亿元、下设8个分公司的一个引人瞩目的高科技集团公司。

也就在这一年，巨人集团成为了中国电脑行业的领头羊，史玉柱也成为了中国新一轮改革开放的典范人物和现代商界最有前途的知识分子代表。史玉柱先后被评为“中国十大改革风云人物”、“广东省十大优秀科技企业家”，并获得了珠海市第二届科技进步特殊贡献奖。史玉柱的事业至此达到了巅峰，此时他刚刚30岁。这时的史玉柱自信心开始迅速膨胀，他认为没有自己做不成的事情。这一年，在事业之巅傲然临风的史玉柱决定建造巨人大厦。1995年，史玉柱被列为《福布斯》中国大陆富豪排行榜第8位，是当年唯一一位靠高科技起家的富豪。过度膨胀的自信心使他在做企业战略时，完全凭自己的感觉和运气。

当时计算机市场受到外国高端计算机产业的挤压，对史玉柱而言，要想让巨人集团继续生存下去，唯有转型才有出路。那时的史玉柱还保持着对市场的高度敏感。他意识到当时全国的保健品市场潜力很大，于是手中资金充裕的史玉柱提出了“二次创业”的构想，决定斥资5亿元进军保健品市场，走多元化发展的道路。

从电脑、保健品到药品，史玉柱疯狂地投入了大部分的流动资金，而对房地产投资毫无概念的史玉柱一时昏了头，准备去建造一座72层高的巨人大厦。巨人大厦在设计之初只有18层，在不断被加码到72层后，史玉柱并没有因此满足，他要求地基要按照88层来打。按照这种做法，仅预算就需要12亿元。而当时，史玉柱手头能动用的资金只有2亿元。

后来，关于巨人资金链断裂的负面报道高达1 000篇之多。此时，巨人集团正在面临资金短缺的困境——从1995年开始，凭借巨人汉卡发家的史玉柱开始走多元化之路，不仅斥资2.5亿元在珠海修建72层的“巨人大厦”，此外，还成立了服装实业部、化妆品实业部、供销实业部等十几个业务部门，并先后开发出了服装、保健品、药品、软件等30多类产品，结果由于多元化导致一系列的投资不成功，加上不断加高的巨人大厦疯狂的“抽血”，拖垮了“巨人”的资金链，1996年年底，“巨人”已没有现金可用。情况一经报道，形势马上发生变化——在媒体爆出“巨人”出现资金危机后，那些购买了楼花的投资者纷纷上门，要求兑现楼花或者退款，这一下打乱了史玉柱的资金链安排，巨人集团的资金链就此彻底断裂。

大规模的广告投入欠款加上一年多前销售出的“巨人大厦”楼花金额，史玉柱当时欠债高达2.5亿，因此史玉柱也被媒体贴上了“中国首负”的标签，巨人集团也名存实亡。

史玉柱在由巅峰跌入谷底之后，虽然一度有“天要灭我”的感觉，但他最终却并没有一蹶不振、消极面对，而是仍在顽强地拼搏。“巨人”垮了以后，他离开了珠海，几乎跑遍了全国各地，四处考察，最后一站是青藏高原，还去爬了珠穆朗玛峰，甚至因为无钱请向导，差点葬身雪山之上。但他从来没有打算退隐，发誓一定要东山再起。

“即便穷到身上只有几十块钱的时候，我依然对日后的成功很有信心”。在史玉柱看来，一个人无论面对多大的失败，“只要精神还在，顽强的精神还在，完全可以再爬起来”。于是，史玉柱并没有向有关部门申请巨人集团破产，史玉柱说，“这一笔高达2.5亿的债务正是激励我二次创业的最大精神动力。”与此同时，史玉柱还痛定思痛，为了了解自己究竟错在哪里，他让人将当时报纸上关于他的负面文章一篇篇接着读，看看别人对他失败的“诊断”。文章骂得越狠，他读的次数越多，甚至专门组织“内部批斗会”，让身边的人一起向他“开火”。

面对那段“危机岁月”，史玉柱表现得极为真诚——不仅坦然地承认并接受失败，“失败就是失败，没什么好解释的”，而且没有去掩盖“巨人”的状况，反而清楚无误地告诉自己的员工，“巨人”眼下的境况很糟。“现在是困难时期，愿意继续跟着我的，工资也不会很高，你们可以选择离开。”

在史玉柱自己看来，如果一个失败者不能承认并接受失败的事实，就绝无重新站起来的可能。在接受媒体的采访中，史玉柱就曾经多次表示，自己曾经是一个失败者。

承认现实状况，就意味着做事必须务实，这也是史玉柱能够渡过危机、东山再起的重要原因之一。启动脑白金时，向朋友借了50万的史玉柱不再注重虚名，而是亲身走入消费者中，去了解消费者对产品的需求，并从小事做起——在每个省都从最小的城市启动市场。县城攻下来后，再全力进攻一个市，然后是几个市，一个省……

正是凭借着反思、务实、信心，史玉柱在全国县域市场撒下的星星之火终成燎原之势，脑白金为史玉柱带来了10多亿的利润，让他重新回到了一线商人的俱乐部，使史玉柱又开始了更高调的创业历程。

思考：史玉柱是如何从失败中站起来再次创业成功的？

一些经济学者致力于研究创业者的人力资本对创业绩效的影响。Nobuyuki Harada（2001）以5 911家日本新公司的数据资料为样本，分析创业者的成功概率与创业者的人力资本、年龄、企业最初的规模等因素之间的关系。他用三个经济指标作为衡量创业者成功的标准：（1）企业是否盈利？（2）企业成立以后的实际销售额是否超过了创业者预期的销售额？(3)创业者的年收入是否超过了企业成立以前的年收入？基于上述经济指标，Nobuyuki Harada 建立了评价创业成功的概率模型，利用该模型分析创业者的年龄、教育背景、以前的职业地位、相关的工作经验、性别、企业的最初规模等因素对创业者的影响。研究结果表明，创业者以前相关的工作经历、企业最初的规模对创业成功的影响很大，而创业者的年龄、性别与创业成功与否没有必然的关系。

可见创业挫折、创业困难、创业失败的经历都是一种很好的资本，他成为一个创业者自身强有力的一种人力资本，所以反省对于一个好的创业者来说十分重要。

反省其实是一种学习能力。创业既然是一个不断摸索的过程，创业者就难免在此过程中不断地犯错误。反省，正是认识错误、改正错误的前提。对创业者来说，反省的过程，就是学习的过程。有没有自我反省的能力，具不具备自我反省的精神，决定了创业者能不能认识到自己所犯的错误，能不能改正所犯的错误，是否能够不断地学到新东西。

面对创业路上的坎坷与挫败，一味怨天尤人是不对的，一个好的创业者应该更好地从自身出发，从创业谋划的最初入手，分析自己是否缺乏某些创业者素质，在推进过程中是否决策失误导致了最后的失败，并反思自己的创业谋划有什么不完善之处，多咨询有经验的前辈。良好的反思能够促进自身的不断进步。

2.2　创业者所必需的品质

2.2.1　诚信

诚信是创业之本。在商场上，诚信有着重要的意义。因为商业活动都是信用活动，即便是企业面对着的顾客，也隐含着某种信任关系。而企业本身受这种信用契约的约束，订立合同、履行契约、监督契约、维护契约都会成为企业日常生活的重要内容，这本身就是种承诺，若企业本身不讲诚信，将不被信任，且坏口碑将会口口相传，企业想做大做强将举步维艰。

“守信用、重诺言、做事勤恳、处事谨慎、饮水思源、不见利忘义”这是香港珠宝大王郑裕彤经营企业的二十三字真言；郑裕彤做生意赚钱，摒弃各样投机手段，研究供求关系，以创新为特色，他常常教育下属职工：“做生意要有一定的利润，但不能只顾追求利润，降低质量，欺骗顾客，欺骗得来的利润，不叫利润，是‘断肠痧’；脚踏实地做买卖才是致富的根本。”他不允许雇员投机，一经发现，立刻解雇。这也是他为什么能从一个金铺学徒成为全球华人十大富豪之一的珠宝大王。他兼任香港新世界发展有限公司及周大福珠宝金行有限公司主席，恒生银行有限公司独立非执行董事，Cheng Yu Tung Family(Holdings) Limited 及 Centennial Success Limited 董事。亦为信德集团有限公司非执行董事及利福国际集团有限公司非执行主席，同时被誉为香港地产界四大天王之一。这也是他 2008 年和李国能、胡鸿烈、陈瑞球一同获颁授最高荣誉大紫荆勋章的原因。

在市场经济的环境中，信用才是宝贵资产，是难以用金钱买来的。企业应把诚信作为“兴企必备”的永不妥协的道德原则，作为企业文化的重要内容，持之以恒的抓下去，使诚信成为一种自觉遵循的信念定势、文化定势。

2.2.2 勤奋

勤奋毋庸置疑是创业者在创业道路上必不可少的品质。勤奋指的是创业者勤于学习，勤于探索，勤于思考，勤于与他人打交道，为自己的创业争取更多的资源。比如说对于一名创业者来讲，不论准备开展何种创业项目，除了必须具备人文社会知识、科学技术知识之外，还应该有针对性地提前学习和掌握一些经营管理知识。对拟涉足的创业领域，创业者不仅要精通专业知识，还要熟悉这个产业的市场发展趋势以及经营模式，因此，创业者必须熟悉企业开业法律、生产运营、市场营销、财务管理、经济法规等经营管理知识。

仅是“勤奋学习”这一项看起来任务就非常繁重，但一个好的创业者是会很勤奋地去学习这些知识的，因为想要做好一项事业，就必须有足够的精力和体力的投入。

小米科技创始人、董事长兼首席执行官、金山软件公司董事长、著名天使投资人雷军认为，如果创业者想取得李彦宏、古永锵那样的成功，需要选对一个最肥的市场。要看这个市场未来五到十年的趋势，这是创业者真正需要仔细揣摩的。第二点是勤奋和努力是成功的必要条件。如果没有勤奋努力，创业者会很难成功。因为聪明程度一样，主要比的是努力，这就是中国古话“天道酬勤”。

2.2.3 执着

对创业来说执着非常重要，创业者的执着是非常不容易的，因为对于创业者来说需要坚持不懈。真正做大事的人是一根筋。因为在创业道路上，创业者可能遇到各种各样的风险、坎坷，未来的不确定性往往极大地挑战一个人的心理承受能力，同时创业路上也会遇到各种各样的利益诱惑。是做个高薪稳定的公务员，还是做个奔波劳碌、收入不稳定的创业者？是自己把企业做大做强，还是将它交出去被大公司并购？遇到了坎坷困难，是否要放弃？一个好的创业者必定是执着的，不会轻易被困难和利益所动摇，才能坚定自己的道路，不断前进、拓宽，从而走得更远更好。

“打工皇帝”、微软中国终身荣誉总裁唐骏于2009年在北大的讲台上说道：“什么人才能创业成功？创业并不是像大家想象得那么简单，在我看来我周围创业的成功者，第一靠执着，固然要执着，创业的道路上一定有很多很多的坎坷，即使你成功了还是有坎坷，最重要的就是不断的应变能力，这才是我们创业当中必须具备的一种能力，在这个过程中碰到问题，怎样解决问题，而且是快速解决问题，这是我们快速学习的一种能力。”

2.3 创业者素质培养

大学生创业者成功的道路各不相同，但是在所具备的素质方面却有着很多相同之处，而这些创业者素质是可以进行自我培养的，而外部环境也应给他们更多的支持，促进大学生创业的发展。

2.3.1 大学生积极参加实践活动

创业实践是大学生在校期间积累创业经验，培养、提高创业能力的有效途径。首先大学生在校期间要积极参与创业实践活动，如大学生创业大赛、创业计划书大赛、创新奖学金评比等活动。其次大学生应有效利用身边的各类讲座、创业课程等资源，多学习创业类知识，多与可以接触到的商业人士交谈，多了解一个商业模式的运作，关注身边成功的大学生创业案例，触类旁通，提高自我创业能力，发现创业商机。最后大学生还可通过参与社团组织活动、假期实习、兼职打工、求职面试体验、市场和社会调查等活动来接触社会，了解市场，为自己将来开展创业活动积累经验，也培养分析问题和解决问题的能力、组织协调能力、管理能力、应变能力、语言表达能力，并磨炼自己的心志，提高自己的综合素质。

2.3.2 学校大力推进创业教育课程

学校应多开办创业教育课程，并组织学生进行创业竞赛。创业教育要在创业机会的捕捉、整合资源、企业风险及如何初步创建企业方面给学生进行详尽的说明，并给以具体指导，同时要在新创企业的管理方面提供必要的知识，如商业计划书的编写、可行性分析、市场营销和成本分析等。

2.3.3 政府和社会积极推进大学生创业培训工作

创业培训是创业者获得创业能力的重要方式。创业培训工作需要政府、创业培训机构及创业者共同努力推进，灵活开展形式多样的创业培训。通过创业培训提高创业者素质、培养其创业精神，提升其创业能力。例如我国正在推进的“创办和改善你的企业(SIYB)”培训项目就是一项不错的尝试，以及“挑战杯”等各项创业创新类比赛，都有利于促进大学生学习培养创业能力和技巧。

第3章 创业的设想与谋划

• 想到创业，有一段路要走。创业之路该怎么走，怎样走？

创业——条条大路通罗马。每个成功的企业、成功者都是独特的“这一个”。苹果创始人乔布斯，有他成功的个人因素。阿里巴巴的马云，有他成功的不可替代的原因。潘石屹也有他自己的优点。他作为新一代的私营企业创业先锋，他的成功在于他的前收销售理念，将居住与工作合二为一的SOHO模式。

海尔集团有海尔集团的优点、新东方有新东方的优点。海尔集团在于成功的将人力资源开发和企业文化建设相结合，而新东方短短十几年成为中国学子心目中英语培训的圣地，得益于他们的商业运作手段和经营管理方式。这些都不是简单的一两句话可以概括。因为创业成功，不是“千军万马独木桥”。成功可以复制，但成功不可以完全被复制。

核心问题

- 为什么要创业？
- 创业设想从哪里来？
- 如何进行创业选择与创业谋划？
- 大学生创业形势与政策如何？
- 大学生创业失败的原因及建议。

学习目标

- 了解当今创业的形势与政策
- 掌握进行创业谋划的基本手段
- 了解大学生创业现状

3.1 创业的形势与创业设想

学习目标

- 当今社会的创业形势
- 创业目标规划的重要性
- 创业路径与创业谋划

3.1.1 当今的创业形势

苹果公司

1976年4月，21岁的乔布斯与好友沃兹尼亚克在自家车库内成立苹果电脑公司。

为了创办"苹果"，乔布斯和好友沃兹尼亚克卖掉了他们最值钱的东西。乔布斯卖掉了大众小巴，沃兹尼亚克则卖掉了惠普科学计算器，共筹到1 300美元，并创办了新公司。

随后，推出苹果Ⅱ是首批商业上取得成功的个人电脑之一。

1982年，长发过耳、蓄着一抹嬉皮士唇髭的乔布斯创办苹果六年后，身价"一夜暴涨"至1.59亿美元，从而首次登上《时代》杂志封面。

3.1.2 创业设想与创业路径

分众传媒

2001年12月，陈天桥打电话给江南春，告诉他自己的盛大网络游戏做到了每天同时拥有11万用户在线。这意味着一天的广告利润可以达到十万元以上。

这个电话，使江南春陷入了深思。当时，江南春的永怡传播已经做到了上海第一大IT广告代理商，但10年的代理经验告诉他，广告代理商的利润空间和发展前景都有限，广告行业的发展必须寻找新的突破口。积累下来的多年广告代理经验告诉他，新的媒体，尤其是新的电视媒体一定有广阔的发展空间。思考结果被高度浓缩进了半年后的一次演讲。在那次演讲中，他高度概括了新媒体应该有的三个特点：

(1) 必须是代表媒体最新技术及发展趋势，必须具有煽动性。

(2) 必须是分众的，精确打动特定人群。

(3) 带有一定的强制性。

此后，江南春付诸实施。开辟了楼宇广告、电梯广告、特定场所的广告，一个新的广告领域和境界。

- **"使想法变成现实"——创业路径。**

每一位渴望成功的创业者在创业之初就为自己设定了明确的创业目标，只要你敢于制定，你就应该相信自己一定能实现。创业者要为自己制定明确的目标，以鼓励自己为之奋斗，这其中首先就是财富目标，赚取财富是创业者天经地义的事情。

第一，目标实现的时间要具体。

很多人说我在将来要成为亿万富翁，到底是哪一天，难道是2100年吗？等自己进入天堂的时候再成为亿万富翁？将来是在目标中最禁用的词语，请你使用2012年6月前这样具体的时间。

第二，目标尽量用具体的数字来描述。

我要买一辆好车，买一套大房子，这些都是模糊的目标，你应该确定地说要买一辆路虎、宝马或者奔驰，要买多少平方米、在什么位置的房子，这样的目标才能真正地让自己的真实想法焕发出来。

第三，制定目标首先一定要自己相信，慎重、认真地制定，以从内心中激发自己的渴望。

“我打算成为华人首富!”如果这是未来的目标，我觉得你的格调太大，但如果这是短期的目标，那么这样的目标真的很空，连你自己都不相信吧。愿景目标要格局大，但是近期目标要基于现实并且加上自己的梦想，要能够让自己感觉相信能真的实现。例如你可以为自己未来几年做下目标规划：

2011 年拥有超过 10 万元的存款；

2011 年年收入超过 100 万元；

2013 年年收入超过 150 万元或者更多；

2015 年在你喜欢的中国任何城市购买数套度假公寓；

2020 年在你所在的城市购买一座面积 250 平方米以上的别墅等事业目标；

……

清晰的目标规划能够激发人心底的渴望，进而激发创业者的热情。

创业，最难的是两步跨越：从 1 万元到 10 万元；从 10 万元到 100 万元。一个人最难赚的是第一个 10 万元，第一个 100 万元，创业最难的是最初的 2～3 年。从 100 万元到 1 000 万元要容易很多，所以中国为什么贫富两极分化，也就是这个道理。大多数人都是在 10 万元以下低水平的徘徊，到了 100 万元以上，积累财富就像滚雪球一样非常容易了。

3.1.3 创业设想的选择

- **当你只有 1 万元，你会怎么办？**

开一家店？

加盟 or 独立？

如果您现在想创业开店，成功率到底有多高？专业机构对国内开店成功率的一项调查显示，加入加盟体系开店成功者为 76%，独立开店成功率只有 24%。独立开店成功率之低，对于一名想尝试开店创业者来说，风险可想而知。如何选择开店项目，如何注意开店细节，是一个简单而又不简单的问题。

加盟——帮别人打工——第一桶金

独立——当老板

1 万元，自己即是老板，也是唯一的员工。这时候，创业准备，做推销员是最好的了。李嘉诚就是如此积累了许多经验并一步步往上爬，最后取得了成功，所以不要小看这个阶段。

加盟，也很好，可以积累经验。但 1 万元，甚至加盟都不可能。加盟的门槛都比这个高。在广东，黄振龙、清心堂凉茶、龟苓膏，加盟店的门槛是多少？

所以1万元你可以用来做什么？

(1) 做报亭？

利润太薄，1份《南方都市报》最好销售的了，一份才赚取1毛钱。摆地摊可行么？可以两年赚够10万么？

(2) 摆地摊？

NO！你放哪儿？你可以拿出来的零售小商品，利润很薄。这不可能有很大的成功。因为成本投入太低，必须升格。

(3) 二手市场、二手书、二手自行车、二手电脑？

二手市场，电脑市场。二手电脑，没有售后服务。买二手产品是要承担风险的。所以二手产品的收货价，肯定很低，成本就小么？不是。时间成本较高，单位时间的交易数量不高，因为你要去评估、检测，花的时间较多。

二手自行车、二手书，就没有这个问题。一目了然。

(4) 复印店？

这是可以赚到的。

(5) 网上市场？

1万元，在大学城可以网上开店，办一家网站一年500元。不需要门面，少了房租。但是需要仓库，这是一个成本。

卖给老生？卖给新生？新生来了，有什么需求？买电脑，买运动服，买体育用品。如何定位？

网上开店如何与实体店，如“又康”超市、眼镜店、学生宿舍楼下的体育用品店作出差异化营销？

(6) 开通QQ营销？

在51网站上营销，还有就是在QQ上营销。要把自己升级为特权用户。黄钻，上传照片，然后留言功能。

前提，进货渠道要畅通。最关键的，你选择卖什么？从哪里进货？总成本(不要忘记了边际成本、机会成本)有多少，利润有多高？

- **成本收益分析——理性的人总是在权衡各种方案的成本和收益后做出自己的选择。**
- **如果你有10万元的创业资本，你可以做什么？**

(7) 在大学城做一家食肆？

在大学城开小餐馆，成功的核心靠的是什么？产品的质量，产品的吸引力。还有就是进货的渠道，核心还有人，管理者、服务质量、服务态度，产品的定位，把对学生的吸引力充分的呈现出来。

小本经营，必须做出品牌、口碑。

3.2 大学生创业

学习目标

- 大学生创业现状
- 大学生创业资源利用
- 大学生创业失败的原因和建议

3.2.1 大学生创业过程中资源的运用和整合

1. 资源理论

新企业的资源开发过程就是新企业在发现创业机会以后，通过识别、获取、整合和利用内外部资源来实现商业化的过程(柳青、蔡莉，2010)。Dollinger(1995)的研究中认为新企业的资源开发过程是创业过程的核心。不同创业者他们的创业过程是存在差异的，但是资源开发过程在一定程度上会影响新企业的产出。新企业的资源开发过程包括资源识别、资源获取、资源整合和资源利用四个环节：(1)资源识别是指创业者根据自己所发现的创业机会和自己的愿景，在对现有资源进行评价的基础上确定资源需求和来源的过程，主要包括评价初始资源、细化资源需求和确定资源来源三个方面；(2)资源获取是指新企业在确定了资源需求以后利用自身的资源禀赋获取资源的过程，主要包括外购、吸引和积累三个方面；(3)资源整合是指新企业对资源进行组合以构造或改变新企业能力的过程，主要包括稳定调整、丰富细化和开拓创造三个方面；(4)资源利用是指新企业利用自己的资源开发创业机会以及创造顾客价值和企业财富的过程，主要包括动员、协调、配置三个方面(柳青，蔡莉，2010)。

影响资源获取的因素有很多，但本书的研究主体是大学生创业者，结合大学生创业者的特点，我们对于以上的诸多影响因素进行了筛选。首先，大学生创业者在创业的过程中网络资源是比较匮乏的；其次，由于大学生创业者的年龄特点，我们认为他们较一般创业者群体在特质上是具有突出特点的；最后，大学生创业者由于自身具有较高的素质，他们所拥有的初始资源较一般创业者来说也具有自身的特点。因此，本文主要选取创业网络、创业者特质及初始资源作为研究的三个主要影响因素。创业网络是创业者(创业企业)所拥有的各种社会关系(Hansen E L，1995)[①]，包括创业者的个体网络及创业企业的组织关系网络(Bruyat C & Julien P A.，2000)[②]。创业网络是创业者(创业企业)社会网络在创业活动中的嵌入(蔡莉，单标安，刘钊，郭洪庆，2010)[③]。根据 Uzzi(1997)的阐述，网络关

① Hansen L. P.，J. Heaton，E. Luttmer. 1995. *Econometric Evaluation of Asset Pricing Models*. Review of Financial Studies，1995(8)：237-274.

② Bruyat C.，Julien P. A. *Defining the Field of Research in Entrepreneurship* [J]. Journal of Business Venturing，2000(16)：24-25.

③ 蔡莉，单标安，刘钊，郭洪庆. 创业网络对新企业绩效的影响研究——组织学习的中介作用[J]. 科学学研究，2010(10).

系是多种多样的，如商业的、合作伙伴、朋友、代理、导师等，这些途径使得资源能够同时存在于两种关系中。现有文献认为网络系统对于小企业来讲可能是一个弥补稀缺资源的主要途径。例如，外部网络帮助企业找到新的资源源头。或许更重要的是，外部网络也是一个获取信息的渠道（Brown &Butler，1993；Curran et al.，1993；Falemo，1989；Ozcan，1995）。这些网络关系在增强企业获取资源的能力（Birley，1985；Butler & Hansen，1991；Greve，1995；Jarillo，1988；Ozcan，1995），因为网络是创业者获取外部资源的一个方法（Galaskiewicz & Marsden，1978）。

前人的研究中指出，创业网络有三种类型，即社会网络、支持性网络以及公司间网络。社会网络中包括亲人、朋友以及熟人。支持性网络是有一些支持机构组成，如银行、政府及非政府组织。而公司间网络包括其他所有企业。这三种网络类型有不同的功能。社会网络就像是一个机会的集合（Brown & Butler，1993；Butler & Hansen，1991）。一些研究者认为社会网络为创业者提供了信息以及其他类型的非物质支持和财务支持（Aldrich & Zimmer，1986；Birley，1985；Butler & Hansen，1991；Granovetter，1985；Oliver & Liebeskind ，1998；Ozcan，1995）。新创业者主要依赖于他们的个人网络来获取企业所需的资源（Aldrich & Zimmer，1986；Johannisson，1988；Ozcan，1995）。Johannisson（1998）指出，新的创业者是通过把他们的个人网络作为自己拥有资源的补充而渐渐独立的。社会网络是通过多种途径去促进资源获取过程的。第一，网络是资源拥有者获得了关于创业者能力以及新企业技术和市场潜力的重要信息（Shane &Cable，2002）。第二，网络通过使机会主义更昂贵来降低交易成本。网络中的资源拥有者具有制裁创业者的能力，一旦创业者采用不正当的行为，资源拥有者可以通过传播关于创业者的负面信息来制裁他们（Granovetter，1985）。因为信誉是需要时间去建立的，但是名誉被毁却非常快，网络能够为机会主义行为创造“自我实施”保障。这是因为网络具有以上两种能力，它才能够促进创业资源获取顺利进行。

2. 大学生创业资源

大学生创业的网络形式是比较单一的，由于大学生大部分的时间是在学校内读书学习，因此他们很少有机会接触到社会，这就造成了大学生的创业网络中几乎没有政府网络、商业网络的存在。而大学生在校期间积累了一定的人力资本，因此大学生在创业之初所主要依靠的网络类型是个人网络。随着政府对于大学生创业的政策支持，他们具有一定的支持性网络，例如，银行等金融机构会为他们提供相应的小额贷款等。因此，大学生的创业网络类型主要有两种，即个人网络和支持性网络。

大学生在选择自主创业时，也是具有初始资源匮乏的特点。第一，大学生创业的初始资金匮乏。大学生在校期间几乎是没有收入的，平时的花销也都是来自于家庭的支持，这样大学生是没有任何积蓄的。第二，依据 Brush，Greene & Hart（2001）①研究中指出教育程度是创业资源禀赋中的一个方面，而这一点是大学生在创业之初所具有的优势资源。大学生在校期间学习了许多专业知识及课程，这些知识对于他们创业之初进行一些决策

① Brush C G.. Greene P. G C. G，Hart，M. M，SAPARITO P. Partners of Venture Capital Funding. Is Gender a Factor，2001(01).

时非常有利。第三，由于大学生在校期间缺乏实践，因此他们没有任何创立企业的经验，所以经验的缺乏也是大学生一个非常重要的特点。大学生创业者创业之初的创业网络多数是以非正式网络的形式存在的。由于大学生在校期间没有固定的收入，因此大学生在选择自主创业之初主要是靠亲戚、朋友的帮助而获得创业的初始资金、人力、信息等资源。而随着企业慢慢地发展，企业的规模慢慢扩大，在这个过程当中，大学生创业者在不断的完善自己的创业网络，正式网络也慢慢成为大学生创业者创业网络中的重要部分。创业者建立并不断完善自身的创业网络能够为他们更多的获得政府政策上的支持、获得供应商、行业协会、银行等组织机构所提供的资源（如资金、人力资源、销售合同等）。

正规教育可以通过专业技能学习、认可以及自信心培养三个途径来影响创业。然而，结合大学生创业者拥有很高的教育程度，大学生在校期间学习了丰富的理论知识，这对于他们将来指导自己进行实践提供了一个非常深厚的理论基础。受教育程度是一个很好的创业技能和能力的指数，受教育程度可以减少很多成本。大学生创业者在创业过程中获取自己所需的资源，由于他们受到了很好的教育，他们在分析和辨认这些资源时会较一般创业者更清晰。这样，他们在获取自己所需资源的过程中会少走弯路，同时也会降低成本。但是，由于大学生在校期间很少参与到企业的实践当中，这样也就导致了他们没有实践的经验和经历。而 Bruderl et al.(1992)的研究表明，如果创业者具备某行业的从业经验，那么他们创业的失败率会比较低。Stinchcombe(1965)的研究中指出，创业者的相关行业从业经验会对他们创业过程中的决策产生影响，而进行资源的获取便是其中的一个重要决策。有相关行业从业经验的创业者在创业的过程中对于自己所需要的资源是非常清晰的，这有助于他们更好的运营自己的企业，降低了成本。例如，创业者如果曾在某个行业工作，那么在他获取自己所需资源的时候会更具有针对性，而不是盲目的拿来资源就用。但这正是在校大学生所最欠缺的东西。大学生创业者的受教育程度和经验（相关行业从业经验）对于其资源获取有积极的影响。企业在发展的过程中要不断地利用自身的初始资源禀赋来获取所需资源。大学生创业者具有很高的受教育程度，受教育程度是初始资源中的一个重要方面（Brush，Greene & Hart，2001），这成为大学生创业者具有的优势资源。大学生创业者可以通过自身具有的这个优势资源来明确企业发展所需的资源具体是什么。大学生创业者中一部分人具有相关行业的从业经验，Stinchcombe(1965)认为具有相关行业从业经验的人在获取资源时具有优势。例如，具有 IT 行业从业经验的人更容易获取技术资源，曾经从事过人力资源工作的创业者更容易获取人力资源，曾经在金融行业工作的创业者更容易获取资金。

3.2.2 大学生创业的选择

随着就业形势的严峻，越来越多的大学生投入到创业的领域中来，那么对于大学生这样一个特殊的群体，如何才能在创业的浪潮中找到适合自己的方向呢？

据零点公司 2007 年的一份调查显示，大学生创业的成功率只有 0.01%，接近于零。据上海市大学生科技创业基金会统计，2006 年至今，基金会已投资的 293 家大学生企业中，有稳定销售收入、利润与一定发展前景的企业约有 50 家，但这些企业距社会风险投资和产业资本的标准，仍有很大距离。此外，麦可思公司在对 2007 届大学毕业生创业情况进行调查后发现，大学生自主创业的困难主要是，缺少资金(31%)、市场推广困难(25%)、缺乏企业管理经验(20%)、技术水平不够高(8%)、项目论证不够(4%)。

针对大学生这一群体的特殊性，在收集各种调查资料和一些参考文献后，这里总结出适合大学生创业的一些产业领域及发展方向。

方向一：批发零售业

典型案例：

2007 年，出身贫寒家庭、生性乐观的丁俊林考上了安徽工业大学。报到那天，他只带了 2 000 元钱，买完被褥床单和一些简单的生活用品后，剩下不到 300 元钱。他精打细算，只吃学校食堂里的特价菜，每月生活费不到 100 元钱。一次班会课上，辅导员为他们播放了一段有关创业人物的视频，从那时起，创业的种子就在他心中萌发，他决定将来一定要自己创业，拼出一片天地来。

为筹措创业资金，丁俊林利用节假日和课余时间拼命挣钱。搬啤酒、卖图书、做家教、端盘子。“最多的时候，我同时接下了六七份活，累是累了一点，但这些经历成了我日后走向社会的一笔宝贵的经验财富。到毕业时，我攒下了近两万块钱呢。”他笑着说。

2011 年 7 月，大学一毕业，丁俊林就与同学徐开飞一起凑了几万块钱，租下一间店面，办起了钢材经营部，取名“飞天钢材”，从此开始创业实践。对于创业前期得到的帮助，丁俊林说他们得感谢国家的扶持政策。当初他们找到共青团马鞍山市委、市人社局咨询对大学生创业的帮扶情况。10 多天的时间里，10 万元的无息贷款就申请成功了。资金一到账，他们的事业就有模有样了。

让丁俊林欣慰的是，现在回头的顾客越来越多，生意越来越好了。对于一无财力、二无人脉、三无经验的他来说，这就意味着站稳了创业的脚跟。

(资料来源：中国教育新闻网—中国教育报。)

丁俊林成功地走出了一条“三无”大学生的创业路，一方面与他自身的素质有关，正如他本人所说的：“创业看似简单，其实很考验人，眼光要独特，思维还得活跃，需要不断学习。”另一方面也是因为他选对了正确的创业方向，根据自身资金不足等实际情况，走批发零售业创业之路，从而一步步稳定地前进。

1. 从批发零售业本身的特点及发展现状分析

由于我国是人口大国，在相当长的一段时间内，与人民生活息息相关的批发零售业仍然会有巨大的市场需求和发展空间，特别是随着人民的收入、文化需求和生活需求不断提高，整个社会和我国的批发零售业还会不断发展。未来我国一段时期内，我国批发零售业的发展趋势可归纳为两个方面：一是产权的多元化和以私营为主，二是业态和经营方式的多样化。

在全国 1 000 多万个商业网点中有 95%以上的网点是私营的，而零售业的从业人员中 70%～80%是私营从业人员(包括个体户)。从零售业的销售来说，私营零售业企业销售的比重占到 2/3 以上，且以小型为主，零售企业要满足人民生活的多种需求，这就决定了零售企业必须是小型化、分散，以提供服务为主要特点，这就为创业者提供了巨大的创业空间。

2. 根据市场调查的结果分析

中国台湾地区一家人力银行的调查发现，有五成上班族有创业意愿，主要因为“景气差、工作难找”。但因为手头资金有限，创业者选择30万新台币以下的微型创业的比例增至66%。至于最受青睐的行业，小本生意的冰品饮料与复合餐饮品荣登宝座。

进行此次调查的银行营运长吴睿颖建议，对资金风险承担能力较低的“被迫创业者”，以低成本的微型创业起步，选择曾任职过或较为熟悉的行业，并以创意和新服务创造能永续经营的蓝海策略，避免以规模或价格进行红海杀戮，才能为自己及员工们打造寒冬中的金饭碗。

麦可思公司对大陆大学生的调查也发现，大学生最初创业先从零售老板干起的居多，仍更多地集中在传统行业。2007届大学生自主创业分布最多的三个行业依次是：零售业(19.2%)、文化体育教育和娱乐业(13.6%)、制造业(10.1%)。而在金融、保险、法律业、IT业的比例相加起来不足11%。

方向二：利用网络创业

典型案例：

在山东省泰安市岱岳区黄前镇焦家峪村里，29岁的焦圣贵和妻子放弃事业单位的稳定工作，凭着吃苦耐劳的闯劲和诚实守信的理念，回家乡发展野菜种植、富硒作物种植、食用昆虫养殖及林下食用菌养殖等。他俩发挥大学专业特长，通过网络推销野菜及野菜种子，年赚30万元。

焦圣贵个人表示，他觉得自己最大的成绩是做网络销售。这与焦圣贵和王琳琳大学专业所学密切相关，两人毕业于泰山学院，都是计算机专业，对B2B电子商务、网络营销等互联网应用服务研究深刻，直接奠定了网络销售的基础。焦圣贵还建立了中国林下经济网、中国野菜网、中国野菜种子网等网站，通过网络推销野菜及野菜种子，不仅在国内省市卖，还销售到国外。2012年，收入突破20万元，今年更是突破30万元大关。(资料来源：泰山晚报。)

1. 从网络市场政策环境分析

在中国，积极发展网络市场已经成为一股不可阻挡的洪流，政府大力支持电子商务的发展。党的十六大报告指出：“信息化是我国加快实现工业化和现代化的必然选择。坚持以信息化带动工业化，以工业化促进信息化的……新型工业化道路。”各级政府也为促进当地网络经济的发展出台了一系列优惠政策，为大学生网络创业提供了宽松的创业环境。比如，2009年国家提出了《电子信息产业调整和振兴规划》，2009年浙江省教育厅下发的《关于对普通高等学校毕业生从事电子商务(网店)进行自主创业认定的通知》中，鼓励高校毕业生自主创业，2012年浙江省工商局已正式出台《关于大力推进网上市场快速健康发展的若干意见》，以引导当前持续高涨的网络创业激情。这些政策都为大学生网络创业提供了良好的政策环境。

2. 从网络市场发展潜力分析

首先，中国网民数量不断攀升，从中国互联网信息中心(CNNIC)发布的数据来看，截至2012年6月底，中国网民数量达到5.38亿，互联网普及率为39.9%。2012年上半年网民增量为 2 450 万，普及率提升 1.6 个百分点。同时，随着近年来智能手机的普及，网络购物在手机上就能实现。2012 年 6 月底，我国手机网民规模达到 3.88 亿，较 2011 年年底增加了约 3 270 万人。网民可以利用工作学习的空隙实现随时随地消费，简单而快捷，网民的数量、消费次数也大大增加，网络市场将进一步扩大。虽然与其他发达国家相比，中国的网民网购比例不算高，但这正好说明未来网络市场的巨大发展性，网络市场的潜力可见一斑。另外，网络市场具有开放性，消除了距离障碍，打破了交易的地点限制，资源在全国甚至全球范围内流动，消费者可以根据自身的经济实力和喜好购买物品，资源得到了最有效配置。而现代物流业的迅速发展为网络市场提供了强有力的支持。（参考资料：国务院发展研究中心信息网.浅析大学生网络创业面临的机遇和挑战。）

方向三：创意产业方向

典型案例：

“80 后”的张旭 2005 年毕业于大连一所财经大学的国际贸易专业，先是进入了一家服装出口的小外贸公司，虽然工资低，但网上销售的工作却让他接触到了手绘鞋项目。以前学过美术并得过奖的张旭决定选择手绘鞋项目回家创业，他相信当时该项目刚刚出现，市场还没有形成，发展空间很大。

2007 年回到沈阳，张旭在家里创立了手绘鞋工作室，一台借钱买来的电脑就是他全部的家当。他用“不堪回首”来形容起步之初：“零散买一些白色女鞋，自己设计、收集素材，手工绘成后就在网上卖。”

手绘鞋刚开始主要是在网上出售，偶尔一天卖掉两三双也仅够维持生计。慢慢的，张旭在网上认识了对手绘鞋项目感兴趣的朋友，向他们学习了很多经验。此后，一些实体店也纷纷为他代售鞋。

两年里，张旭的手绘鞋渐渐走俏，他为自己的手绘鞋创立了品牌，叫做 E-LOV，中文名“异路”——走不同的创业之路。有了固定客户和品牌后，销量越来越好，张旭的小工作室已满足不了需求，他组建了手绘鞋团队，目前日销售量能达到百双左右，年营业额能达到 50 万元，利润也有十几万元。

张旭相信手绘鞋的价值体现在创意和个性上，鞋的图案技术含量就是它的艺术价值。张旭的设计团队不断推出新的设计版样，现在每年推出的新版样有 100 多种。

从创意产业的特点和发展要求分析：创意产业是知识创造型的产业，需要大量有知识的、有创新精神的人才从业，大学生富有激情活力，有较强的创造力和创新能力，符合创意人才的特质。和年轻的产业一样，文化创意产业的从业人员也异常年轻。创意产业从业人员年轻化是文化创意产业人才的显著特点。据对北京地区 64 个文化创意企业从业人员的调查发现，78.35％的从业者年龄仅在 20～25 岁，26～30 岁的从业者占 14.43％，只有 7.21％的从业者是在 30 岁以上。而且这个行业的从业人员以大学本科毕业生为主，占到 69.1％，大专及以下学历约占 3 成。企业在用人时关注实际能力，对从业人员的要求不仅是充满激情活力，而且要有较强创造力和创新能力，这些都是当代大学生所具有的基本素质。

此外，创意产业的组织模式也是规模不限、形式多样、经营方式灵活，是知识密集型产业，所需的资本少。小型的工作室或小型企业可以依托创意产业园区健康发展。而大学生比起其他社会群体拥有更多的创造性和创意激情，不循规蹈矩、墨守成规，具备勇于打破常规的性格特质，同时具有一定的文化底蕴和文化品位，这些特征使他们能够适应创意型创业。

方向四：高科技领域

典型案例：

毕业后的大学生刘禹原本是在一家投资公司工作，出于工作需求，他找过几次翻译公司，面谈、传稿、电话跟进、反馈，每次经历完漫长的琐碎流程后，却发现拿回来的译稿"质量太差了"。

在发现传统翻译的种种缺点后，刘禹决定，要做一种全新的、标准化作业的翻译模式。他要把翻译与他从小就热爱的互联网连结在一起，他把大部分的精力放在互联网翻译平台的搭建上，和十几名研发人员进行了历时两年的研究，"这是一个以服务和技术为核心的平台，是基于大数据运算的平台。"创业之初，刘禹的设想是，通过强大的数据库，接纳数以万计的用户的需求，分析他们的需求习惯，自动将他们的需求分流，并对接到最佳的翻译专业人员，以最快的速度完成翻译并第一时间反馈给用户。而现在，这一设想已成现实。

刘禹详细地列举了现在在强大平台的支持下，完成一篇文稿翻译的流程：用户下单，客服专员将项目移交至生产部；项目经理分析稿件内容，确定稿件领域、属性；智能系统根据稿件领域属性，自动选择匹配领域译员；项目进展跟踪，确保项目按预定进度进行；质量抽查，及时解决译文质量问题；译员按时完成初译；最后，还要经过校对、排版等工序才能交稿。

而要长期维持这样的翻译流程，一个强大的服务和技术队伍是最重要的。现在，刘禹的"一朵云"公司中，除了几位资深语言专家作为翻译的最后把关者，其他所有人员全是服务和技术人员，"没有一个翻译人员"，该公司的用户群正迅速扩大中，企业进入了蓬勃发展的阶段。

（资料来源：中国青年报。）

从大学生的知识素养分析：身处高新科技前沿阵地的大学生，在这一领域创业有着近水楼台先得月的优势，但并非所有的大学生都适合在高科技领域创业，一般来说，技术功底深厚、学科成绩优秀的大学生才有成功的把握。

随着科学技术日新月异的发展，开发高科技领域也是时下最热门的课题，用智力换来资本是大学生创业的特色之路，一些掌握一定技术的大学生，开发自己独立知识产权的高新技术产品，很容易吸引投资商的注意，这些投资商也愿意对技术创新进行资助。

在武汉市2009年社会科学基金项目"武汉地区大学生就业意向调查研究"中对武汉市部分高校大学生开展了有关创业领域选择的问卷调查显示，20.7%的人愿意往当今热门的方向发展（如软件、网络等高科技行业）（如图3-1所示）。

知识创造财富。在知识经济时代，用科技、知识创业是新模式，也是必然趋势。而在日益高涨的科技创业热潮中，互联网、电子商务、软件开发等信息技术产业，起步投资小、

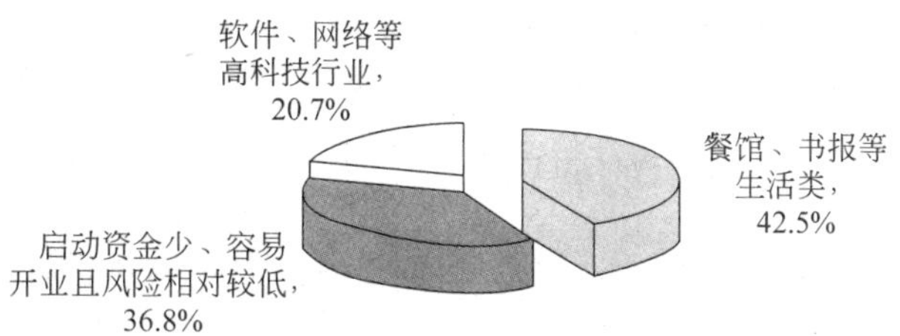

图 3-1　武汉市对大学生创业选择调查的结果

对场地要求不高、设备相对简单，在这些领域创业，对于技术功底较厚的大学生很容易在较短的时间内取得较大的突破。

方向五：连锁加盟领域

典型案例：

2007 年 4 月，临近毕业的珠海大学生李星贤抱着赚零用钱的想法，和好朋友一起合资加盟了邓老凉茶，由于对学校环境和学生需求比较了解，他们把创业的地点选在学校。刚刚走出校门还不到一年，他现在已经发展成区域一级代理商，旗下有两家凉茶铺，月净利润过万元。

李星贤大一时看到学校内 2 家凉茶铺的生意很不错，大三实习时拉上两个同学入伙，3 个合伙人各向家里拿了 2 万元，一周就搞定了所有手续，李星贤开始在北师大珠海校区的饭堂里卖凉茶了。他说自己最开始只想着"赚点零用钱"。

一个学期下来，李星贤手里已经积累了 30 000 多元的资金。他渐渐摸到了些门路，"大学生市场客源稳定，很多学生在饭堂吃饭感觉很容易上火，即使是外省籍贯的学生也能接受凉茶的口味"，于是他决定专攻大学生市场，再开一间凉茶铺。

现在李星贤已经基本上掌握了整个珠海凉茶市场的情况。"珠海可以有 20～30 间凉茶铺子"，李星贤声称对这一数字很有信心。他说，下一步的构想是多开几间店，最好能在珠海最繁华的地段开一间凉茶旗舰店，而父母也很支持他创业。而与他一起毕业的同学，大多数至今还没有找到合适的工作，多是在不同的地方打工谋生。（资料来源：搜狐新闻网。）

加盟创业对于大学生的适用性分析：作为一种全新的现代营销模式，特许加盟经营已成为服务业个人创业的重要途径。统计数据显示，在相同的经营领域，个人创业的成功率低于 20%，而加盟创业的则高达 80%。大学生以特许加盟方式从事创业可以化解或减轻自身的某些固有不足：

（1）弥补社会经验不足的劣势，大学生采用特许加盟的创业方式可以减少创业风险；

（2）弥补动手能力差的劣势，大学生采用特许加盟的创业方式可以得到特许总部系统的管理培训和指导；

（3）弥补资金缺乏的劣势，大学生采用特许加盟的创业方式可以缓解资金的燃眉之急；

（4）大学生采用特许加盟的创业方式可以通过加盟享有知名品牌、商标带来的利润；

(5) 大学生采用特许加盟的创业方式可以受益于整体广告带来的客源，受许人可减少广告宣传费用。(资料来源：扬长避短，大学生创业的新模式——特许加盟。)

3.2.3 大学生创业过程中的问题

虽然大学生创业在我国发展的比较迅速，但是我国大学生创业仍然存在以下问题：

1. 创业氛围不够浓厚

由于我国受到几千年封建传统思想的影响和束缚，人们在心中对于大学生创业仍是不支持的态度，人们认为学生的天职是学习，在校期间应该把更多的精力用在学习科学文化知识上。与此同时，我国实施了多年的计划经济，这使得社会上的人们对于创业存在一种惰性，加上社会与政府采取的措施比较无力，这导致大学生对于创业的热情并不高。

2. 创业教育体系不够完善

虽然现在社会上逐渐开始认识到鼓励大学生创业的意义，可是并没有注重对于大学生创业意识的培养。目前，国内只有少部分的高校设置了与创业有关的课程，但是仅仅是在大学才开始创业意识的培养是远远不够的。导致现在这种局面的根本在于中国的教育体制是更注重成绩，而不是学生的素质。因此，欲使现今的局面有所改观，必须从我国教育的指导思想上进行改革与发展。

3. 大学生普遍缺乏管理经验

由于一些大学生在校所学知识的局限性导致他们只具有技术知识，而对于企业是如何运营和管理知之甚少，在企业成立之后，他们无法转换自身的角色，这对于企业未来的发展制造了很大的障碍。造成这种现象的原因是，大学生在校期间没有锻炼自己的动手能力，同时由于只注重于专业知识的学习，很少接触社会，导致他们对于社会的认识太肤浅，进而使得他们在做企业的过程中过于理想化。大学生作为一个比较特殊的群体，他们都具有很高的专业文化素质，也拥有年轻人敢打敢拼的精神，还有很好的年龄优势，同时，他们很少会受到思维定式的局限，还有他们勇于挑战的精神也为他们创业提供了心理上的优势。但是，对于大学生创业一直都存在着几个问题。例如，大学生应该在什么时候选择创业，如果在校期间创业，那么如何处理创业和学习两者之间的关系。大学生创业的初始资本从哪里获得？大学生创业一旦失败该怎么办？这一系列的问题都为大学生创业设置了许多的障碍。

资源是一切创业活动的根本，大学生创业也不例外。大学生在创业的过程中需要不断的利用自身的资源禀赋来获取所需的资源，他们在获取资源的时候会受到许多因素的影响，例如，大学生创业者的关系网络、大学生创业者自身的特点、大学生创业者具有的初始资源等。然而，大学生在进行资源获取这项活动时就会遇到以下的几个问题：

(1) 大学生创业者不了解企业发展过程中都需要哪些资源；

(2) 大学生创业者不了解如何不断地完善自己的关系网络；

(3) 大学生创业者不了解如何利用关系网络去获取所需的资源；

(4) 大学生创业者不了解如何依靠自身的优势去获取资源；

(5) 大学生创业者不了解如何利用已具有的初始资源去获取所需的资源。

3.2.4 大学生创业失败原因及其分析

1. 大学生创业的背景以及现状

大学生创业是经济发展的必然规律。21 世纪是知识经济时代，以知识为基础，直接依赖于知识和信息的生产及应用的知识经济，将在世界经济中占主导地位。21 世纪经济的新发展将导致新的高技术行业的不断涌现，科学技术作为生产的第一要素的作用，也只有在知识经济中才真正得以发挥出来。这就要求掌握了现代科学技术的富有冒险和创新精神的年轻大学生担负起创业的历史重任。另外，大学生创业是教育发展的客观要求。自 1999 年高校扩招以来，大学毕业生数量逐年增加。全国高校毕业生从 2003 年的 212 万猛增至 2013 年的 699 万。随着就业压力日益增大，越来越多的大学生被推上了自主创业之路。

大学生创业作为目前解决就业困难和大学生实现自我人生价值的一个途径得到了政府和社会的支持和鼓励，大学生创业行为越发成为经济发展的强劲推动力。如今，大学生创业有多种原因，在大学生就业状况良好的情况下，创业被认为是摆脱工作束缚，更大的发挥个人价值；而在就业压力大的情况下，除了自我实现的要求，大学生也开始用平和的心态，面对创业。创业是把自己的知识变为财富，知识与财富的转化过程也就是创业的过程。有很多大学生加入到创业的行列当中，但结果大多大学生创办的企业以失败告终，留下的也只能是勉强维持。据统计 2004—2013 年，我国高校毕业生人数虽然有不同程度的增加，但大学毕业生参与自主创业的人数比例一直比较低。目前我国大学生创业比例是 1%，而以美国为代表的西方国家为 20%～30%。而大学生自主创业成功率为 2%～3%。有关专家表示中国大学生的创意具有很高的市场价值和社会价值，如果能够加强创业教育课程和社会的激励机制，他们的创新创业将会为中国经济作出更大的贡献。

2. 创业失败的原因分析

1）步骤不全

典型案例：

大学生小刘毕业后一直想自己做老板，看到邻居在小区里开了一个食品杂货 店收益一直不错，颇为心动。于是，小刘租了小区内一个库房做店面，筹集了 1 万多元钱做启动资金，进了一些货品，开了一家食品杂货店。但是经营了 2 个月后，小刘的食品杂货店就撑不住了，不得已只有关门了。为什么同样是食品杂货店邻居可以干得红红火火，小刘的店却经营惨淡呢？原来，小刘为了突出自己食品杂货店的特色，没有像邻居一样进茶、米、油、盐等大众用品，而是将经营范围锁定在沙司、奶酪、芝士等一些西餐调味食品上。但是小区里的居民对她的货品需求少，加之她店面的位置在小区边缘，而且营业时间不固定，由着她的性子开，很多邻居都不愿意绕道过去，所以生意不红火。

分析：小刘创业之初求新求异的心理，很多大学生都有，这是优点但也是致命的缺点。经营需要有自己的特色，但是经营要符合市场环境的需要。像小刘的食品店之所以会关张，是因为她没有搞好市场调研，这个食品店如果在一个涉外社区内也许会经营得很好，但是她选择的是一个普通居民区。普通社区里的食品杂货店对茶、米、油、盐的需求远远要大于沙司、奶酪、芝士等西式调味品，再加之铺面的选址不合适，营业时间不固定，也是小刘创业失败的原因。

创业是一个复杂的系统工程，要想获得成功，必须遵循其基本规律。一般来说，创业大致包括四个步骤：第一步为酝酿，创业者要考虑清楚一些基本的问题，如为何创业、是否适合创业、采用何种形式创业、已具备哪些条件、具体选择什么项目、还需要收集哪些信息等；第二步为筹划，创业者要就自己所选择的项目进行分析，对销售、采购、盈利前景、所需流动资金、如何筹集启动资金等方面的问题都要考虑清楚，并在此基础上撰写一份项目可行性报告；第三步为准备，创业者开始实际操作，如给公司起名、选择办公地点、签订租房合同、装修办公室、跟进货商和代理商谈合作、制定促销战略、聘用员工及办理工商执照等手续；第四步为开张营业。全面落实这些步骤，对一个创业项目的生存、发展十分重要。创业失败大学生在创业时的创业步骤大多不够全面。

导致大学生因步骤不全而创业失败的表面原因有：

(1) 创业所需能力和设备、场所等条件准备不足；

(2) 缺少法律知识；

(3) 策划不充分，项目评估不充分，准备时间太仓促，团队缺少领导者；

(4) 对创业的困难和风险认识不足；

(5) 缺少自我定位和市场调研；

(6) 忽略了创业团队的组建；

(7) 对所做的项目不熟悉；

(8) 创业资金准备不足；

(9) 选址工作未做好。

在上述案例中，小刘的原因就是缺少市场调研和选址工作未做好等。在上述这些原因中，有一些是与大学生的年龄特征有关的，比如对创业的困难和风险认识不足、创业资金准备不足，这些因素只是暂时性的，它们会随着创业者年龄的增大、阅历和财富的积累而得以改善。另外一些原因，比如创业所需能力、设备和场所等条件准备不足，缺少法律知识，策划不充分等，创业大学生经过努力是可以做得更好一些的。创业大学生们无疑都是希望获得创业成功的，为什么他们竟然如此“不努力”，连创业的基本步骤都没有弄全呢？我们认为，造成这种情况的原因可能有两种：第一，创业大学生求成心切，忽略了一些基本的创业步骤；第二，创业大学生对创业包括哪些步骤没有一个清楚的认识。

其实这两个原因都可以归为另一个更深层次的原因，即高校创业教育工作做得不到位。尽管有一部分原因是创业大学生年轻、努力程度不够，但主要原因还在于高校创业教育工作做得不到位。高校创业教育应该让大学生们知道，创业有哪些基本步骤，每一个步骤需要做哪些事情、需要做到什么程度。高校创业教育还应该为在校大学生的创业项目把关，对于条件暂不具备的，最好进行相关的培训和建议。同时，社会上的大学生创业管理部门也应该为申请帮助的大学毕业生的创业进行把关，对于条件不具备的创业项目应予以相应的帮助。

2) 经验不足

典型案例：

武汉天行健公司。原华中理工大学学生李玲玲凭借其发明的高杆嘎器和防撬锁专利被武汉世博公司看好，世博公司为她提供了10万元的创业风险本金。李玲玲出任新成市的天行健公司的董事长，成为“中国女大学生创业第一人”。但是，天行健公司的创业更加体现出大学生创业者经验不足的问题，在公司的合作中，李玲玲与世博公司却是矛盾重重，从股权纠纷到融资渠道和产品开发的分歧，最终导致李玲玲和投资公司合作破裂。仅仅一年的时间，天行健公司账面就只剩100多元，公司宣告倒闭。

广东技术师范学院的杨俊杰曾尝试组建一支演出队伍，主要是为一些公司庆典搞活动和帮新产品上市做品牌推广秀，一手包办乐队、司仪、舞蹈、音响和灯光。开始的时候生意挺火，但后来由于其他有经验的文化传播公司的竞争，再加上被服务对象不断压价，杨俊杰的乐队也就销声匿迹了。

华南师范大学学美术的几个同学曾成立一家平面设计公司，专为一些公司绘图、设计图册封面、产品商标，包括做一些活动策划。但由于不懂管理，财务混乱，资金周转很快出现问题，公司开张不到3个月便关门大吉。

20岁出头的张晓峰是河南洛阳市人，1年前毕业于开封大学。为鼓励学生自主创业，学校为毕业生提供了便利条件，比如门店租金的折扣、管理费用的优惠等。刚毕业，张晓峰见到了一家“椒太郎”的烫菜馆，觉得有商机，萌生开设加盟店的想法。为此，他专门从河南来到咸阳市的“椒太郎”餐饮有限公司考察。之后，他交齐2万元加盟费，满心欢喜的他没料到事情进展出了问题。“椒太郎”餐饮有限公司在合同上承诺，他们对加盟店实行区域保护，方圆500米只准开一家加盟店。“当初我申请的是在开封大学，他们告诉我可以。可等我加盟费用都交齐了，才发现那里早有一家店。”张晓峰觉得，公司方违背了合同承诺。

事情拖了快1年了，张晓峰在长途电话联系十几次未果的情况下，他再次来到咸阳市。数次与公司交涉未果，张晓峰每提及此事，情绪都稍显激动。“当初是口头约定，我明确告诉他们‘我要在开封大学’开店，他们说‘可以’。等我交完加盟费，才推荐我选别的地点，这不是骗我签合同吗?”咸阳市的“椒太郎”餐饮有限公司一位负责人说，这是一场“误会”。“他说要开店，我们在知道开封大学处有一家后，就帮他物色河南大学店址，可是他就是不愿去”。“在开封大学开店对我有便利，我为什么要去河南大学开店？我当初质问，他们却反说‘忘了’。合同签了快1年了，店还没开起来，在这期间我的损失怎么算?”张晓峰说，早知如此自己就不着急交费了，如今对方明确告诉他加盟费不给退，他觉得公司存在“合同欺诈”行为。

分析：经验不足是大学生在创业路上必须逾越的一个“坎”。大学生创业项目是要在市场经济中生存、发展的，而具有竞争性本质特点的市场经济在运行中必然产生失败者，且又绝不保护弱者。对于经验丰富的创业者来说，尽管他也要经受许多市场考验，也存在失败的可能，但是他可以跨越那些不高的障碍，减少很多失败的风险。

导致大学生因经验不足创业失败的表面原因有：

(1)不查看合作者的有效身份证明和相关资料，仅凭其一面之词就轻易相信；

(2)签协议时既没公章也不按手印；

(3)聘用员工时未依法办理有关手续；

(4)无成本意识，没有合理预算；

(5)不知道如何经营和管理公司；

(6)对骗子不够警惕；

(7)受害后不知道如何维护自己的权益。

“不知道如何经营和管理公司”这一原因是初次创业的学生难以避免的。这种原因属于外在的稳定因素——任务难度太大，与此相关的素质在现有高校创业教育条件下难以养成，因此，更深层次的原因不应归于高校创业教育，而应归于企业、大学生创业管理等社会有关单位——它们在支持高校校内外创业基地建设方面做得不够，没有为创业大学生此类素质的培养创造必要的条件。但是，导致大学生经验不足创业失败的其他一些原因，如不查看合作者的有效身份证明和相关资料，签协议时既没公章也不按手印，聘用员工时未依法办理有关手续等，都是经过创业大学生自己的努力可以避免的。当然，高校创业教育在这个过程中应该发挥一定的作用——高校创业教育应该让大学生们知道，创业过程中有哪些地方容易出现问题，有哪些问题需要特别注意，出现各种问题后该如何处理。所以，经验不足的创业失败的原因应归于创业大学生努力不够，以及没有从社会有关单位和高校创业教育中得到应有的帮助。

3) 判断失误

典型案例：

小李想开一家快餐店。经过一段时间的选址，他发现某校门口的一家快餐店正要进行转让，于是悄悄地对该店的四周展开了一番“侦察”，快餐店地处学校的门口，这所学校有近千名学生，旁边又有一个建筑工地，民工少说也有百余人。因此，对前景持比较乐观的态度。再说快餐店的证照齐全，如果自己重新开办一家，办这些证照既费时又费力，不如现成的转让一家。经过几天谈判，尽管店内设备最多值二三千元，他也以万余元的转让费接受过来。但开业后，生意并非像他所预料的那样，前几天可能是知名度还不够，他增加了一些花色品种，还增加了特色点心，并在媒体上作了宣传，接下来的时间仍未见效。

这时他对学校的情况又做了仔细分析，该校女生居多，而且年龄偏小，大多数比较保守安分，习惯于在学校食堂就餐。就在我开张的同时，旁边同样有几家新的快餐店开业，而且与它们相比，无论在规模、水平等方面都处于下风。后来，知情人告诉我，这家快餐店一年内已经转让了好几次，如果生意好，店面怎么会舍得转让。而且那些民工的消费水平极低，每餐仅花费三四元，因此没有什么利润可言。

残酷的现实使他不得不打起了“退堂鼓”，与其长期亏下去，不如趁早退却，开张三周后，他就打出了“转让”的招牌，过了十天，终于找到一个“主顾”转让出去，仔细一算，开店一个月，亏损达一万元。

分析：这件事给了小李一个深刻的教训，当初调研不够仔细认真，只凭客观想象而且又不听朋友建议，才导致这种败局，投资开店要慎重，尤其是转让的店面。

一位大学毕业生根据他两年的创业经验指出：学生创业成功与否并不仅仅取决于国家政策，还需要自身对于市场商机的准确判断和把握。

确实，大学生在创业过程中需要对自我、外物的特点以及自我和外物之间的关系作出准确判断，判断能力是关系到其创业成败的一种重要能力。

导致大学生因判断失误而创业失败的表面原因有：

(1) 明显不适合创业，却坚信能创业成功；

(2) 市场定位不准；

(3) 经营品种缺乏特色；

(4) 有自己的特色，但不符合市场的需要；

(5) 产品存在问题，却认为是社交能力不足；

(6) 先按较高标准制作产品，发现亏损后涨价；

(7) 高估了顾客的消费能力，低估了商海中的风险。

在这些原因中，“明显不适合创业，却坚信能创业成功”这一原因应该归于创业大学生认识能力不足——不知道自己适不适合创业，这是一种内部因素。为了避免这种因素造成创业失败，大学生在决定创业之前，应通过自己分析或借助创业指导教师等专业人员的帮助，判断自己是否适合创业；高校创业教育机构和社会上的大学生创业管理部门在对大学生的创业进行把关时，不仅要看其外在创业条件是否具备，也要看其是否适合创业。其他原因，包括市场定位不准、经营品种缺乏特色、有自己的特色但不符合市场的需要、产品存在问题却认为是社交能力不足、“先按较高标准制作产品，发现亏损后涨价”和“高估了顾客的消费能力，低估了商海中的风险”等，都是经过提高高校创业教育质量和创业大学生努力程度可以改善甚至避免的。所以，因判断失误而创业失败的原因应归于高校创业教育质量不高和创业大学生努力不够，还可以归于部分创业大学生不适合创业。

3. 解决办法及建议

综上所述，我们认为，大学生创业失败存在步骤不全、经验不足和判断失误三种类型，导致大学生创业失败的主要原因是创业大学生努力程度不够和高校创业教育工作质量不高，次要原因有企业、大学生创业管理部门等社会有关单位对高校创业教育支持不够和部分创业大学生不适合创业。为了增强高校创业教育的效果、提高大学生创业成功率，我们建议：

第一，建立高校创业教育机构和社会有关单位以及大学生三者共同参与、积极互动的大学生创业教育共同体。在这个共同体中，高校创业教育机构是主导力量，它应努力调动社会有关单位在大学生创业教育中发挥积极作用，尽力完善创业教育所需师资、设备、课程、实践基地、文化氛围、管理制度等有关条件，并充分调动大学生学习创业有关知识、技能和参与创业实践的积极性。

第二，高校创业教育机构对本校所有大学生开展“普及性创业教育”，并在此基础上为准备创业且适合创业的大学生提供有针对性的创业指导。高校创业教育机构首先应该对本校所有大学生开展“普及性创业教育”，然后，对准备创业的大学生进行测试，挑选出适合创业的大学生，为他们配备专门的创业指导老师，对他们开展“针对性创业教育”，提高他们解决创业实践问题的能力，为其未来创业服务。

对于大学生个人而言，我们建议：

第一，端正创业态度。创业是个人开创自己的事业，其动力应该来自内心对事业成功的信念，而不应是在外界压力下走投无路的选择。比尔·盖茨开创微软，并不是他求职受挫后的冲动之举。我们可以相信，大学生如果无法容忍求职过程的辛酸，也一定无法战胜创业过程中的艰难。我们在大学生中提倡的，不应该仅仅是创业的举措，更应该提倡创业的精神，即那种不怕累、肯吃苦、敢为天下先的精神。换句话说，大学生为别人打工，也是积累资金、技术和经验的过程，也可以视为自身创业的开端。

第二，下调创业起点，降低自身期望值。目前，大学生创业一味地投资软件开发、程序设计、网络、电子等高科技领域，这样的举措不是十分明智的。我们在调查中发现，大学生创业比较成功的是一些诸如家政服务、小商品经营、维修维护以及各种服务等众多实际的项目，相比之下这些项目投资少、需求量大、服务面广、见效快，更能被市场所接受，相比高科技产品的项目更容易操作和驾驭。“一口吃不了个胖子”，大学生要想创业成功，必须脚踏实地，下调自己的创业起点，降低自身期望值。

第三，寻找雄厚的资金和技术支持。大学生创业绝大多数是白手起家，最大的困难是资金短缺。当前一般的解决办法是向父母、亲友或银行借款，但金额有限，资金运营起来受限较大。借鉴国外的经验，并结合一些大学生成功创业的例子，比较好的创业的方式是大学生科技入股和经济实力较强的投资商联合，共同投资创业，如搜狐网站初期创业就是这种运作方式。同时，由于大学生的技术水平也有一定的限制，也可以考虑加盟联合一些科技和资金实力雄厚的公司共同创业。例如，清华大学的学生创业者在学校创业园有关单位的资金、技术等方面的支持与指导下，能够很快把自身的科研项目和成果转化为现实的生产力。

第四，更新经营理念，改善经营管理。当今市场竞争日趋激烈，企业必须具有现代化的经营理念。大学生在创业之前，最好对本地区的市场进行调查，把书本上的知识与实际情况相联系，更新经营观念，学习了解有关营销、财务、商务、税务、法律等方面的知识，对市场做到合理分析，内部分工职责明确、管理科学。若条件允许，可以考虑对市场调查与开拓、经营方式、售后服务、财务管理、法律咨询等比较陌生的领域请有相关实际经验的人士负责，不断改善经营管理。先进的经营理念和符合实际的经营手段是创业成功的重要保证。

第五，培养吃苦耐劳与团队合作精神，增强适应现代社会的综合能力。任何一种事业必然经历一定的挫折，对于大学生来讲，由于自身创业优势并不明显，遇到困难在所难免。作为创业者的大学生必须肯吃苦、不怕累，有毅力、锲而不舍。大学生创业团队的情感大多来自兄弟情谊，在创业中，应该通过一定的规章制度，明确分工与职责，使这种兄弟情谊顺利地转化为创业中所必需的团队合作精神。一般来讲，拥有共同的理想、事业并有相似经历的年轻人只要合理处理合作关系，更容易形成良好的团队精神，这是创业者能够团结一致、艰苦奋斗、渡过难关的重要武器。总之，任何事物都有一个产生、发展、成熟的过程，大学生创业作为我国的一个新事物，存在不足也在所难免。只要大学生做好内因分析，端正创业态度、找准创业基点、找到雄厚的资金与技术支持、更新经验理念、改善管理、提高自身吃苦耐劳等综合能力，一定会给自己的创业提供有利条件。

资料来源：

1. 何应林，陈丹. 大学生创业失败的类型与原因——基于创业失败案例的分析. 当代教育科学，2013(5).

2. 杨立安. 简论我国大学生创业的现状与未来. 山东省青年管理干部学院学报. 2005：5(3).

3. 张宁.两个创业失败案例解析.生意通,2011.
4. 陈利敏.大学生创业失败之内因与相关对策.琼州大学学报,2006(10).

3.3 创业相关法律法规及政策

3.3.1 与创业密切相关的法律

作为创业者,你必须了解以下与创业密切相关的法律法规:

(1) 规定企业如何设立、组织、解散的法律,如《公司法》《合伙企业法》《个人独资企业法》《公司登记管理条例》《企业破产法》等。我们在设立企业之前,就必须了解这些法律法规的有关规定,包括设立企业要符合哪些条件、企业的组织机构应如何设置、企业的规章制度应如何制定等。

(2) 规范企业劳动关系的法律,如《劳动法》《劳动合同法》《就业促进法》《社会保险费征缴暂行条例》《社会保险登记管理暂行办法》《工伤保险条例》《最低工资规定》等。我们常说,21世纪最缺的是人才,每个企业都需要用人,而要处理好企业与劳动者之间的关系,使得劳动者充分发挥其积极性为企业创造效益,就必须严格按照这些法律法规的规定办理。

(3) 与知识产权相关的法律,如《专利法》及其实施细则、《商标法》及其实施条例、《信息网络传播权保护条例》、《计算机软件保护条例》等。知识产权的重要性毋庸置疑,对于今天的中国企业来说,怎么强调都不过分。通过了解这些法律法规,我们能更懂得如何保护自己的知识产权,也更懂得如何避免侵犯他人的知识产权。

(4) 规范企业市场交易活动的法律,包括《合同法》《担保法》《产品质量法》《反不正当竞争法》《反垄断法》《广告法》《消费者权益保护法》等。这部分法律法规主要解决的是合法经营、公平交易问题。

(5) 规范国家宏观调控行为的法律,如《环境保护法》《对外贸易法》及《税法》《金融法》《投资法》等。在这里,政府是管理者,企业是被管理的对象,但是企业如果对政府行为有异议的,也可以通过行政复议、行政诉讼等途径讨一个说法。

(6) 与创业纠纷解决相关的法律,如《民事诉讼法》《行政诉讼法》《仲裁法》《劳动争议调解仲裁法》等。

3.3.2 国家出台了哪些大学生创业的扶持性政策

从2002年开始,上至中央下至各级地方政府,纷纷出台各项扶持政策,支持、鼓励大学生创业。这些政策主要包括如下几个方面:

1. 行政事业性收费减免

大学生从事个性经营,可以免交工商登记费(根据财政部、国家发展改革委、国家工商总局《关于停止征收个体工商户管理费和集贸市场管理费有关问题的通知》(财综〔2008〕61号),自2008年9月1日起全国统一停止征收个体工商户管理费和集贸市场管理费)等行政事业性费用。

2007年4月22日国务院办公厅发出《关于切实做好2007年普通高等学校毕业生就

业工作的通知》(国办发〔2007〕26号),指出"对从事个体经营的高校毕业生,除国家限制的行业外,自工商管理部门登记注册之日起3年内免交登记类、管理类和证照类的各项行政事业性收费。"免交的收费项目具体包括:

(1) 工商部门收取的个体工商户注册登记费(包括开业登记、变更登记、补换营业执照及营业执照副本)、个体工商户管理费、集贸市场管理费、经济合同鉴证费、经济合同示范文本工本费;

(2) 税务部门收取的税务登记证工本费;

(3) 卫生部门收取的行政执法卫生检测费、卫生质量检验费、预防性体检费、卫生许可证工本费;

(4) 民政部门收取的民办非企业单位登记费(含证书费);

(5) 劳动保障部门收取的劳动合同鉴证费、职业资格证书工本费;

(6) 国务院以及财务部、国家发展改革委批准设立的涉及个体经营的其他登记类、证照类和管理类收费项目。

(7) 各省、自治区、直辖市人民政府及其财政、价格主管部门按照管理权限批准设立的涉及个体经营的登记类、证照类和管理类收费项目。

2. 提供政策性贷款支持

支持创业大学生申请小额担保贷款,贷款利息可获财政贴息。

为解决大学生创业的老大难——"筹资难"问题,2003年的国办发〔2003〕49号《通知》中要求"有条件的地区由地方政府确定,在现有渠道中为高校毕业生提供创业小额贷款和担保。"而国办发〔2007〕26号《通知》则进一步明确了贷款贴息政策,指出"对自主创业且符合条件的毕业生,在其自筹经费不足时,可向当地经办银行申请小额担保贷款,对从事微利项目的,贷款利息由财政承担50%。"

各地的政策各有特色,如武汉市人事局发布《关于鼓励和支持各类人才在全民创业中发挥主导作用的若干意见》(武人〔2008〕41号),武汉市大中专毕业生创办企业可享受最高100万元贴息贷款。天津市对初次创业的高校毕业生给予2万~5万元的小额贷款支持;对创业成功后,还款及时、信誉度高、经营好的创业者,还将提高贷款额度,延长还款期限,给予年度10万元的循环贷款支持。

3. 提供创业培训等创业服务

包括创业培训、创业项目推介、创业政策咨询、专家评析、创业孵化、融资服务、开业指导和后续服务等创业服务。创业培训形势很多,目前不少地方开始建立创业见习(实训)基地,实行创业见习(实训)补贴政策。

4. 落户政策

符合条件的创业大学生可以在创业当地落户。

如杭州市规定,"在杭州市区自主创业的普通高校应届毕业生,可凭毕业证书、户口迁移证、同意落户证明、工商登记的营业执照和税务登记证明到落户地公安派出所申请办理落户手续。"武汉市则明确"对来我市领办、创办企业的普通高校本科及以上学历的毕业生不受限制,大专学历毕业生在毕业两年内,办理毕业生就业落户等相关手续。"

5. 资助政策

如北京市教育委员会发布《关于实施北京市大学生科学研究与创业行动计划的通知》(京教高〔2008〕6号),决定正式启动大学生科学研究与创业行动计划,创业大学生最高可获得政府1万元的资助。

苏州市出台《苏州市区创业补贴实施办法》(苏劳社就〔2008〕27号),对"经创业培训初次创业大学生"等10类困难人群,给予一次性创业补贴2 000元。

杭州市则出台了《杭州市高校毕业生创业资助资金实施办法(试行)》(杭人才〔2007〕370号、杭财教〔2007〕799号)。

6. 税收优惠

目前国家尚无专门针对大学生创业的税收优惠政策,但是大学生创业时还是可以根据现有的税收优惠政策,享受减免。例如,按照《企业所得税法》《企业所得税法实施条例》及其相关优惠政策规定,小型微利企业减按20%的税率缴纳企业所得税;国家需要重点扶持的高新技术企业,减按15%的税率缴纳企业所得税;软件生产企业实行增值税即征即退政策,所退还的税款由企业用于研究开发软件产品和扩大再生产,不予征收企业所得税;境内新办软件生产企业经认定后,自获利年度起,享受企业所得税"二免三减半优惠"等。

有些地方为鼓励大学生创业,允许大学生参照下岗失业人员享受再就业的有关税收优惠政策。

鉴于扶持性政策各地各有不同,具体可以咨询当地人事、税务、工商等政府部门。[①]

3.3.3 大学生创业优惠政策解读

现如今创业的大学生越来越多,那么国家在大学生创业方面都有哪些政策支持呢?

1. 企业注册登记方面

(1) 程序更简化

凡高校毕业生(毕业后两年内,下同)申请从事个体经营或申办私营企业的,可通过各级工商部门注册大厅"绿色通道"优先登记注册。其经营范围除国家明令禁止的行业和商品外,一律放开核准经营。对限制性、专项性经营项目,允许其边申请边补办专项审批手续。对在科技园区、高新技术园区、经济技术开发区等经济特区申请设立个私企业的,特事特办,除了涉及必须前置审批的项目外,试行"承诺登记制"。申请人提交登记申请书、验资报告等主要登记材料,可先予颁发营业执照,让其在3个月内按规定补齐相关材料。凡申请设立有限责任公司,以高校毕业生的人力资本、智力成果、工业产权、非专利技术等无形资产作为投资的,允许抵充40%的注册资本。

(2) 减免各类费用

除国家限制的行业外,工商部门自批准其经营之日起1年内免收其个体工商户登记费(包括注册登记、变更登记、补照费)、个体工商户管理费和各种证书费。对参加个私协会的,免收其1年会员费。对高校毕业生申办高新技术企业(含有限责任公司)的,其注册

① 叶虹.大学生创业法律实务.北京:清华大学出版社.第1版,2009:6-9.

资本最低限额为10万元，如资金确有困难，允许其分期到位；申请的名称可以“高新技术”、“新技术”、“高科技”作为行业予以核准。高校毕业生从事社区服务等活动的，经居委会报所在地工商行政管理机关备案后，1年内免予办理工商注册登记，免收各项工商管理费用。

据工商局个体处的工作人员介绍，目前有关政策已经执行，大学毕业生在办理自主创业的有关手续时，除带齐规定的材料、提出有关申请外，还要带上大学毕业生就业推荐表、毕业证书等有关资料。

2. 金融贷款方面

(1) 优先贷款支持、适当发放信用贷款

加大高校毕业生自主创业贷款支持力度，对于能提供有效资产抵(质)押或优质客户担保的，金融机构优先给予信贷支持。对高校毕业生创业贷款，可由高校毕业生为借款主体，担保方可由其家庭或直系亲属家庭成员的稳定收入或有效资产提供相应的联合担保。对于资信良好、还款有保障的，在风险可控的基础上适当发放信用贷款。

(2) 简化贷款手续

通过简化贷款手续，合理确定授信贷款额度，在一定期限内周转使用。

(3) 利率优惠

对创业贷款给予一定的优惠利率扶持，视贷款风险度不同，在法定贷款利率基础上可适当下浮或少上浮。

中行、农行、建行、民生银行、中信实业银行等银行相关人士均表示，该行目前没有开办大学生自主创业贷款这项业务，这种尴尬情况主要缘于此类贷款的高风险。中信实业银行办公室有关人士表示，银行在追求资金收益性、流动性的同时，也要考虑其安全性。大学毕业生自主创业贷款相对其他贷款，风险更高，且大学生刚毕业，缺少社会工作经验，又没有合适的抵押物或担保，银行一般不会轻易贷款。另一位业内人士也表示，即使大学生手头上有合适的项目，但这也只是个别现象。作为企业，银行发放此类贷款的投入成本和收入不成正比。

事实上，大学生创业贷款难就难在无法提供有效资产作抵押或质押。目前已有多家银行开办了针对具有城镇常住户口或有效居留身份，年满18周岁自然人的个人创业贷款。此类创业贷款要求个人采用存单质押贷款，或者房产抵押贷款以及担保贷款。

3. 税收缴纳方面

凡高校毕业生从事个体经营，自工商部门批准其经营之日起1年内免交税务登记证工本费。新办的城镇劳动就业服务企业(国家限制的行业除外)，当年安置待业人员(含已办理失业登记的高校毕业生，下同)超过企业从业人员总数60%的，经主管税务机关批准，可免纳所得税3年。劳动就业服务企业免税期满后，当年新安置待业人员占企业原从业人员总数30%以上的，经主管税务机关批准，可减半缴纳所得税2年。

4. 企业运营方面

(1) 员工聘请和培训享受减免优惠

对大学毕业生自主创办的企业，自工商部门批准其经营之日起1年内，可在政府人事、劳动保障行政部门所属的人才中介服务机构和公共职业介绍机构的网站免费查询人才、劳动力供求信息，免费发布招聘广告等；参加政府人事、劳动保障行政部门所属的人才中介服务机构和公共职业介绍机构举办的人才集市或人才、劳务交流活动给予适当减免交费；政府人事部门所属的人才中介服务机构免费为创办企业的毕业生、优惠为创办企业的员工提供一次培训和测评服务。

(2) 人事档案管理免 2 年费用

对自主创业的高校毕业生，政府人事行政部门所属的人才中介服务机构免费为其保管人事档案(包括代办社保、职称、档案工资等有关手续)两年。

(3) 社会保险参保有单独渠道

高校毕业生从事自主创业的，可在各级社会保险经办机构设立的个人缴费窗口办理社会保险参保手续。[①]

广东省政府部门出台的大学生创业扶持政策

1. 省级职能管理部门出台的大学生创业扶持政策

2009 年，广东省相继出台了《关于贯彻落实〈广东省人民政府办公厅关于促进普通高等学校毕业生就业工作的通知〉的意见》(粤劳社发〔2009〕23 号)和《关于鼓励创业带动就业工作的意见》(粤府办〔2009〕9 号)，要求省人力资源与社会保障厅、省教育厅、省财政厅等 14 个部门联合落实，大学生自主创业可以享受到多项税务、融资等扶持政策。具体内容包括：

(1) 减免税费优惠

2010 年 12 月 31 日前，高校毕业生登记设立注册资本 10 万元以下的有限责任公司(一人有限公司除外)，经投资者共同申请并作出相应书面承诺，可免缴首期注册资本，但须在法定期限内缴足。除国家限制的行业外，高校毕业生毕业 2 年内从事个体经营的，自其在工商部门首次注册登记之日起 3 年内免交登记类、证照类和管理类行政事业性收费，并可享受 2 年免费档案挂靠服务。

高校毕业生创办高新技术企业、软件生产企业、小型微利企业或从事农林牧渔业，符合现行税法规定条件的，均可享受相关税收优惠。高校毕业生创办企业被省科技厅、省财政厅、省国税局、省地税局认定为高新技术企业后，减按 15%的税率征收企业所得税，税收优惠执行时间从当年的 1 月 1 日算起。高校毕业生创办符合条件的小型微利企业减按 20%的税率征收企业所得税。企业从事中药材的种植、林木的培育和种植等项目的所得，免征企业所得税。

(2) 提供小额担保贷款支持

为鼓励大学生以创业带动就业，广东省提高了大学生创业小额贷款的额度，经过创业培训合格的大学毕业生，小额担保贷款额度从 5 万元提高到 8 万元。但是，尽管创业小额担保贷款的额度在不断提高，由于受到创业贷款政策优惠的生源地限制，外省籍大学生无法申请广东省大学生创业小额贷款，广东省内外市生源无法申请本市大学生创业小额贷

---

① 资料来源：应届毕业网. 2015 大学生创业优惠政策解读. http://www.yjbys.com/qiuzhizhinan/show-435764.html.

款，导致创业小额担保贷款优惠政策的落实面临尴尬。以广州市为例，规定只有广州生源的大学毕业生才能在广州申请创业贷款，而且要在毕业2年内申请，外地（包括从化、增城、番禺、花都）生源不能申请创业小额担保贷款，本地生源因就业顺畅，不愿申请创业小额担保贷款，出现了外地生源热衷、本地生源冷淡的局面，从2004年开始实施创业贷款优惠政策到2009年，没有贷出过一笔钱。

(3) 加强创业孵化基地建设

出台全省创业带动就业孵化基地建设指导性意见，全省挂牌运营创业带动就业孵化基地78个，市级基地55个，县区级基地23个，已进驻企业9 096个，带动就业7.4万人。例如，佛山市通过充分利用城乡各类园区、闲置土地或厂房、专业化市场等适合中小企业聚集创业的场所，创建创业孵化基地市，目前已建成7个较大规模的创业孵化基地，入驻创业孵化基地的企业440多家，带动就业15 000多人。

广东省还建起了一批由政、校、企多方共建的创业实践基地，为毕业生提供了创业实践平台，各高校共培育出创业团队及创业实体近3 000个。

这些政策的出台，对促进广东大学生创业发挥了积极效应。2009年，广东省高校毕业生自主创业2 139人。2010年上半年，广东省2010届毕业生有创业意向的人数超过8 000人，共有884名高校毕业生成功创业。

2. 各级地方政府部门出台的大学生创业扶持政策

在贯彻落实国家和广东省大学生创业扶持政策的同时，广东省各级地方政府结合自身实际，出台了本区域的大学生创业扶持政策。具有代表性的有：

(1) 广州市大学生创业扶持政策的主要内容

根据《广州市高校毕业生创业指南》显示，广州市为大学生创业提供了一系列优惠扶持政策。

第一，享受部分免费服务。广州生源高校毕业生，毕业后暂未落实接收单位，领取《广州生源高校毕业生就业公共服务卡》，凭卡享受广州市高校毕业生就业指导中心提供的多项免费服务，包括为自主创业的毕业生落实社会保险资助，为自主创业的毕业生办理申请小额担保贷款服务，广州市高校毕业生就业指导中心还设立高校毕业生自主创业咨询的服务窗口，由专人接待和协助办理有关手续。

第二，申请小额贷款。持有《广州生源高校毕业生公共就业服务卡》的毕业生，在毕业后2年内自主创业或组织合伙经营创业，自筹资金不足，可申请小额贷款。

第三，享有社会保险补贴。广州市高校毕业生自主创业并领取了营业执照的，由广州市就业再就业专项资金分别给予最长不超过3年的社会保险补贴（个人缴费部分由个人承担），高校毕业生从事个体经营并且在工商部门注册登记日期在其毕业后2年以内的，自其在工商部门登记注册之日起3年内免交有关登记类、证照类和管理类收费。

(2) 深圳市大学生创业扶持政策的主要内容

深圳市毕业2年内的高校毕业生投资设立小额注册资本的有限责任公司可“零首付”注册，然后在2年内缴足注册资本。有限责任公司原来的最低注册资金是10万元，但由多个股东组成的有限责任公司可降为3万元，一个人的则保持不变，但可分期注资。

毕业2年内的大学生以及深圳户籍的下岗失业人员，注册资金在10万元以下的有限责任公司(一个人有限责任公司除外),经投资者共同申请,作出相应的书面承诺后,可免缴首期注册资金,但注册资金在2年内必须缴清。

小额贷款的额度提高到10万元,如果是多人合伙创业,还可以进一步提高额度,还贷期限不变,还是2年。在2年的贷款期限内,由市财政提供全额贴息。

建立深圳大学生创业实训基地和打造大学生创业园。建立创业实训基地可让即将毕业的学生进行实践,主要是面对大学生,通过建立模拟体系,让大学生在一个虚拟的商场或公司中进行虚拟交易;在深圳市福田区规划筹建一个4 000平方米的福田创业园,同时在创业园内引入一批服务机构,包括专利申请、资格认证、财务处理、税收代理和担保业务等,让自主创业的人能集中地进行创业。

(3) 其他城市大学生创业扶持政策的主要内容

第一,佛山市发布的《关于落实普通高等学校毕业生就业扶持政策相关问题的通知》要求,佛山市生源高校毕业生或市属高校毕业生自主创业,2009年7月1日后在市内领取营业执照、正常经营6个月以上、招收1名以上本市劳动者就业,依法纳税并按规定参加社会保险的,从就业专项资金中给予2 000元一次性创业资助。自主创业者本人,可按就业困难人员灵活就业社会保险补贴政策,给予不超过3年期限的社会保险补贴。

第二,东莞市《促进本地生源普通高校毕业生就业实施意见》中规定,对持有《毕业生就业创业服务卡》的毕业生自主创业可享受相关税费减免,创业资金不足的,可享受3~8万元的小额贴息资金扶持,还可享受相关社会保险补贴以及人事部门提供免费人事代理服务、人才中介服务机构提供招聘和员工培训等费用优惠。

第三,中山市对高校毕业生创业3年内免交登记类、证照类和管理类收费,毕业2年的高校毕业生创业并从事个体经营的(部分行业除外)3年内免收税务登记证工本费,对毕业2年内从事个体经营创办经济实体的大中专毕业生,3年内免收人事关系、档案代理费用,并提供创业指导。领取工商营业执照正常经营6个月以上的中山市户籍人员(含高校毕业生),其自筹资金不足,在贷款担保机构承诺担保的前提下,可在中山申请小额担保贷款。

第四,湛江市对同时符合下列条件的应届高校毕业生自主创业给予一次性创业资助:领取湛江市营业执照时间在2009年7月1日后;正常经营6个月以上,依法纳税并按规定缴纳社会保险费;能带动其他劳动者就业。劳动保障部门将会同财政部门组织实施一次性创业资助,资助额度可达3 000元至4 000元。①

浙江省大学生创业扶持政策

1. 省政府的相关扶持政策

2007年1月浙江省人民政府下发的《关于切实做好2007年普通高等学校毕业生就业工作的通知》(浙政办发〔2007〕56号)规定:落实高校毕业生自主创业的相关政策。有条件的地方,可通过财政和社会两条渠道筹集“高校毕业生创业资金”,鼓励支持高校毕业生自主创业。对从事个体经营的高校毕业生,除国家限制的行业外,自工商部门注册登记

① 汤耀平.广东省大学生创业扶持政策实施、评价与完善.华南理工大学硕士论文,2011.

之日起3年内免交有关登记类、证照类和管理类收费。对自主创业、自谋职业而有贷款需求的高校毕业生，在其自筹经费不足时，可向当地经办银行申请小额担保贷款。小额贷款额度一般为2万～5万元，贷款期限一般不超过2年，到期还款的，由当地财政给予50%的贴息。

2006年浙江省委浙江省人民政府发布了《关于加快提高自主创新能力建设创新型省份和科技强省的若干意见》(浙委〔2006〕29号)规定减免行政事业性收费，可申请小额担保贷款，能享受免费就业服务，在校大学生创业可保留1～3年学籍。

2. 各市政府的相关扶持政策

2008年12月，浙江省杭州市人民政府的《浙江省杭州市人民政府关于鼓励和扶持大学生在杭自主创业的若干意见》(杭政〔2008〕7号)的内容包括优化创业资助政策、实行房租补贴、会展补贴、落实孵化器政策等六个方面的内容，主要目的是通过提供各种资助解决大学生创业的资金“瓶颈”。在“优化创业资助政策”中，将现有的创业资助政策适用范围由毕业大学生扩大到大学生在校接受孵化并在杭州落地转化的创业项目，使在校大学生也可以享受资助政策。对大学生创业项目申请无偿创业资助的，资助金额的额度从原来的最高10万元提高到20万元。同时，简化创业资助资金拨付流程，将首期拨付比例从20%提高到70%，其余部分在首期资助资金通过考核或审计后再予拨付，同时要求区级配套资助资金应在市创业资助资金文件下达后1个月内到位。此规定使大学生创业资助政策能够更全面、更充分、更及时、更有力地支持大学生创业。

杭州市政府在2008年9月举行新闻发布会上宣布，设立不以营利为目的的“杭州市创业投资引导基金”，2008年先由市财政安排2亿元，通过阶段参股、跟进投资等方式，吸引、引导海内外资本支持杭州的初创高新企业发展，推动杭州“制造”向杭州“创造”跨越。这种基金在浙江省尚属首家。

2010年1月24日，浙江省委常委、杭州市市长蔡奇在浙江省人民大会堂按动了“西湖一星巢天使投资基金”启动按钮，一个专门用来支持大学生创新创业的基金——“西湖一星巢天使投资基金”正式启动。“西湖一星巢天使投资基金”由共青团浙江省委、杭州市西湖区人民政府共同主办，是浙江首款由政府启动引导，民营企业积极参与，共同助力大学生创业的天使投资基金。

杭州市人民政府发布了《杭州市人民政府办公厅关于实施杭州市“万名大学生创业实训工程”的指导意见》(杭政办函〔2008〕161号)，政府对高校毕业生通过参加“万名大学生创业实训工程”实现在杭创业、就业的，予以财政资助。在杭高校大学生以及尚未就业的杭州户籍大学毕业生参加市劳动保障局组织的创业实训，按800元/人的标准予以资助；参加技能培训的，政府按实训费用的50%予以资助，资助金额原则上不超过2 000元/人。符合政府资助条件的人员参加其他专项从业技能培训的，政府按培训费用的50%予以资助，最高一般不超过4 000元/人。对本市户籍的零就业、低保等困难家庭的高校毕业生，其个人承担的创业实训费用，由政府全额资助。

2010年2月浙江省临安市每年200万资金扶持大学生创业就业，临安市近日出台《大学生自主创业扶持资金实施办法(试行)》，对2005年以后毕业的临安籍自主创业大学生进行扶持，每年200万资金扶持大学生创业就业。创业项目符合临安产业发展导向，大学生担任企业法人代表且大学生创业团队核心成员出资总额不低于注册资金30%的企业，都可申请商业贷款政府贴息或项目无偿资助。贴息为实际支付贷款利息的50%，最高额度为每年1 500元；从事科技成果转化或研发、文化创意类项目的创业企业，可申请最高不超过3 000元的小额担保贷款贴息；从事科技含量较高、技术较为成熟或文化创意类项目的创业企业，可申请2万、5万、10万不等的项目无偿资助。此外，毕业两年内自主创业的临安籍大学生，在工商登记3年内，免收登记类、证照类和管理类等行政事业性收费；免费享受3年人事代理服务；可申请最高不超过6万元的小额担保贷款。

2007年6月湖州市政府下发《关于进一步做好就业再就业工作的实施意见》(湖政发〔2006〕39号)，该文件中指出：引导高校毕业生转变就业观念，鼓励他们到基层就业，自主创业和灵活就业，文件还规定了大学毕业生自主创业的相关优惠政策。工商税务等部门结合各自工作职能从工商登记、税收征取、职业培训、银行贷款等方面采取扶持措施，支持大学生在湖州自主创业。

3. 各部门的扶持政策

2008年4月，杭州市人事局发布了《杭州市高校毕业生和留学回国人员创业三年行动计划》，“计划”从大力提供创业就业机会、加快推进创业培训、加大创业政策扶持力度、完善创业激励保障制度、加大人才市场建设力度五个方面，提出了吸引大学生和留学生来杭创业、建设大学生实训基地、实施大学生和留学生在杭创业资助政策、设立创业投资引导基金、举办创业大赛、建设创业人才(大学毕业生)公寓等16项具体政策措施，并对实施“计划”提出了工作要求。

2009年8月，绍兴市人事局、市财政局、市劳动和社会保障局联合出台了《加强〈高校毕业生就业工作的若干意见〉实施办法》，从促进就业补助、创业优惠、创业园建设资助等方面，对2008年5月出台的《加强高校毕业生就业工作的若干意见》作了详细规定。(1)绍兴的在校大学生创业可享受税收优惠，市级大学生创业园可获一次性补助30万元，毕业生见习实训期提前至毕业前6个月，高校毕业生在毕业后两年内自主创业的，税收优惠政策按照国家有关规定执行，自首次工商注册登记之日起3年内免除管理类、登记类、证照类行政事业性收费。在校大学生也可享受此政策。(2)高校毕业生创业自筹资金不足的，可申请不超过10万元的小额担保贷款。通过商业贷款筹集创业启动资金的，市财政对不超过5万元的贷款提供最长为2年的全额贴息。(3)对新从事种植、养殖业的高校毕业生，其大于种养规模30亩以上，设施大棚20亩以上，生猪养殖500头以上，家禽养殖10 000只以上，或从事其他种植、养殖业达到相应规模的，按承包面积、经营规模，分别给予每人每年3万～5万元的补助资金。中间还有很多细节，需要的话，可以在浙江大学生材料中收集。

2007年9月，杭州市人事局、市财政局共同制定的《杭州市高校毕业生创业资助资金实施办法(试行)》指出，至2007年11月1日起，大学毕业后，选择在杭州市区自己干个体或开公司，政府财政将出钱，帮助解决其部分资金问题。杭州对创业大学生的资助，将通过商业贷款贴息和项目无偿资助两种方式进行：商业贷款贴息的最高额度1万元；项目无偿资助分2万元、5万元、8万元、10万元4个等级。2007年11月，出台了《杭州市高校毕业生创业资助资金实施办法(试行)》，对操作流程作了详细地说明。

2007年11月，宁波市人事局出台的《宁波市鼓励大中专毕业生自主创业若干办法》(甬人才〔2007〕27号)中指出：给自主创业的毕业生更多扶持。对已经办理失业登记的毕业生自主创业可申请2万～5万元的小额贷款；创办科技型中小企业的话可申请创新资金补助；还能免交多种费用。办法中还提到一些特殊的创业项目将得到更多的资金扶持和资助，如创办科技型中小企业，或在科技型中小企业从事高新技术产品的研制、开发、生产和高技术服务业等。创新资金分创新资助和创业扶持两种：

创新资助金额每项一般不超过60万元，个别重大项目不超过100万元；创业扶持金额每项一般为20万～40万元。

2007年6月，绍兴市人事局、绍兴市劳动和社会保障局、绍兴市财政局、浙江省绍兴工商行政管理局下发了《绍兴市关于引导和鼓励高校毕业生自主创业的实施意见》，并为前来创业的高校毕业生提供开业指导、政策咨询、项目论证、小额担保贷款、跟踪引导等"一条龙"免费服务。凡在工商部门注册登记日期在其毕业后两年以内的，自其在工商部门登记注册之日起3年内免交人事代理服务费和户口挂靠费用。自主创业的高校毕业生可提前一年初定相应职称；需要流动时，允许其进入人才市场重新择业，劳动、人才服务机构为其免费办理流动中介手续。

宁波市科技局每年设立专项基金支持"宁波科技创业计划大赛"，余姚市已经连续两年创办"科技创业计划大赛"，宁波市教育局与共青团宁波市委、宁波市科协、宁波市学生联合会等单位联合每年举办一次"挑战杯"宁波大学生创业计划竞赛，宁波市工商行政管理局还将开展有针对性的创业培训。

2008年8月，浙江省杭州市劳动和社会保障局、浙江省杭州市财政局关于下发《杭州市大学生创业培训、技能培训(鉴定)补贴申报拨付办法》的通知(杭劳社培〔2008〕216号、杭财社〔2008〕830号)，进一步做好在杭高校大学生创业实训工作，明确了创业培训和技能培训(鉴定)补贴的申报办法。

2009年4月，杭州市人事局、杭州市财政局下发了《杭州市高校毕业生创业资助资金实施办法(试行)》，创业资助包括商业贷款贴息和项目无偿资助两种，对实际应支付的贷款利息给予50%贴息，最高额度为2万元。项目无偿资助分为六个等级：2万元、5万元、8万元、10万元、15万元、20万元。

(资料来源：许蓉艳.浙江省扶持大学生创业的政策研究.中国知网.2005-05-30.)

第4章

创业团队

导入案例

温城辉与他的“90后”创业团队

贴贴科技创始人温城辉，1993年出生，广东外语外贸大学2011级保险专业学生，高中曾主办校园纸质杂志《零点一度》并获得第一桶金，于2012年创立的校园明信片品牌“绘城印象”销售出100万张纸质明信片，并多次得到新华社、南方都市报等媒体的报道。于2012年休学创业成立贴贴科技，带领创业团队打造出礼物说、贴贴明信片、贴贴二维码三款产品，拥有过百万用户，获得红杉资本等投资机构数百万美金A轮投资。

温城辉的创业团队共23人，绝大多数都是“90后”的大学生，年龄最大的是1987年的。虽然团队中有休学，也有辍学的，但绝对都是技术或者互联网方面的高手精英。尽管几乎都是“90后”，但温城辉坚信年轻是他们的优势，好处是想法没有束缚，这也正好是投资人非常看重的地方。

面对“90后”团队的管理，温城辉把团队当做一个“班级”来管理，并自封“班主任”，在班上按照不同岗位的特点，任命了组织委员、团支部书记、文艺委员和生活委员等职务。

在这个“班”里，“班主任”要求“学生”早晚自习读书，还设置了3＋X的课程，分必修课和专业课，必修课是个人行为和修养、财商教育等，专业课根据岗位分工来定的。

“所有的培训都要考试。”温城辉说，“我知道我们这代人是怎么长大的，特点就是从小考到大，每个人骨子里都习惯了考试和竞争，这种方式最能激励大家。”

同时，温城辉的团队非常强调读书学习，每周都会举办读书分享会，并实行买书免费，每个团队成员要多买，不看书的团队成员甚至要做检讨。“像我93年的能够做到今天，别人可能是觉得靠忽悠，但是我们觉得自己是靠一点一点地学。”温城辉如是说。

1987年出生的Anna是团队里年龄最大的。她说：“有朋友问我，‘跟着93年的老板做事压力会不会很大’。我说完全不会！有时候甚至觉得他不是93年的，而是39年的，他的思考方式很成熟。”

（资料来源：贴贴科技创始人90后温城辉：没想到有一天我真的会和扎克伯格交流. http://www.cymfxy.com/article2384938042/；

新华网.“礼物说”温城辉：我们成熟地驾驭了自己的优势. http://news.xinhuanet.com/fortune/2014-11/30/c_1113458908.htm.）

思考问题：

1. 温城辉的团队管理有何特点？
2. 温城辉的团队具备哪些优秀团队的特点？

迈入21世纪,科技日新月异,各国经济在全球化的浪潮下日益紧密联系在一起,人民生活水平不断提高,大量的创业机会不断涌现,但与此同时,企业面临的外部环境也越来越复杂,竞争越来越激烈,各行业创业门槛提高,创业风险在不断增大。这势必要求创业者必须具备更多的知识和创业资源以及较强的风险抗压能力,才能取得创业成功。创业者要想靠"单打独斗"的个人创业来获得成功,已经很困难,要想创立高成长的企业,更是难上加难。然而,相比于个人创业,创业团队具有较强的资源整合能力、较高的决策质量和工作绩效、风险抵御能力强、较易获取风险投资等独特优势。越来越多的创业活动采用团队形式开展。创业者组成创业团队,发挥团队的优势进行共同创业,已经成为当今大学生创业的重要趋势之一。

4.1 创业团队的概念

4.1.1 团队与群体的区别

要理解什么是创业团队,首先就要区别团队与群体的概念。团队与群体的差别在于团队成员具有共同的目标、相互之间有利益关系、并且遵守共同的行为准则和规范,而群体没有这些特征。例如,军队是团队,而汽车上的旅客就是群体。军队有保卫祖国的共同目标和使命,有严明的纪律,军队中的每个成员都将密切合作,分别担任哨兵、侦察兵、狙击手等不同的角色,某个军事任务成功与否取决于所有成员的共同努力。而汽车上的旅客群体中,每个旅客的目的地都不同,没有共同的目标,相互之间也没有利益关系,不需要为此密切合作、共担责任、遵守共同的行为准则。

其次,团队成员具有不同的优势和劣势,在团队中扮演不同的角色,为了共同目标的实现,相互合作、共享信息、共担责任,各成员在团队中所起的作用是互补的。换句话说,团队缺了谁也不行。一般来说,成员在团队中要扮演以下9种角色:信息者、创新者、技术专家、实干者、推进者、协调者、监督者、完美者、凝聚者。在团队人数受限的情况下,为了团队利益的最大化,一个团队成员还有可能要同时担当几种角色,或者一种角色要同时由多位成员承担。而群体由于没有共同的目标和行为准则,成员之间所起的作用是相互替代的,群体中缺了谁都不会造成太大影响。

4.1.2 创业团队的概念与分类

创业团队是团队而不是群体。创业团队是指由两个或两个以上具有一定利益关系的,共同承担创建新企业责任的人组建形成的工作群体。

创业团队有许多种,在构成上可以分为狭义和广义两大类。从狭义上来说,创业团队是指有目标相同、共担责任与风险、并共同分享创业收益的新创企业的合伙人团队。从广义上来说,创业团队不仅包括合伙人团队,还包括与创业过程相关的各种利益相关者,如董事会、风险投资机构、专家顾问等。

1. 合伙人团队

合伙人团队是由创业初期就投资并参与创业的多个创业者组成,是创业团队的核心部分。合伙人团队拥有的技术、知识、经验、人脉网络等资源往往是新创企业最有价值的资源。是否拥有较高的受教育程度、前期的创业经历和相关的产业经验与广泛的人脉网络等是合伙人团队取得日后创业成功的重要决定因素。

2. 董事会

如果创业者创建的是一家公司制企业，就需要按照法律规定成立董事会，一个由公司股东选举产生以监督企业管理的小组。董事会一般由内部董事和外部董事组成。董事会成员在某种意义上也是新创企业团队的重要组成部分。如果能通过选择有能力和经验的外部董事对企业提供指导，吸引具有较高知名度和社会地位的各界名流参加董事会以增加企业的资质和信誉，新创企业往往能够获得较快的发展。

3. 专业顾问

顾问委员会、贷款方和投资者（比如风险投资机构）、咨询师这些外部资源也能够给新创企业提供重要的建议和指导，构成了创业团队的外围部分。

4.2 创业团队的组建

优秀的创业团队，对于创业能否成功起到非常关键的作用。据国外研究表明，高成长企业中，高达80%的初创企业是以团队创业的形式开展的。那么，如何组建一只优秀创业团队呢？下面，我们将介绍通行的组建步骤和相应的组建策略以供参考。

4.2.1 组建创业团队的一般步骤

1. 创业机会识别与自我评估

创业者识别创业机会后，应立即对创业机会进行详细评价和自我评估，依据创业机会的性质、创业者本人的愿景、自身能力来决定是否组建团队，以及需要哪些人才加入团队。如果该创业机会非常适合创业者，创业者个人完全有能力和资源独自开发这个创业机会，而且创业者没有打算将其发展成为一个高速发展的企业，那么就无须组建团队，比如开一家特色小吃店或者理发店等。否则，创业者应该考虑团队组建的问题，详细评估自身能力和掌握的创业资源，组建团队进行“查漏补缺”。比如，创业机会的市场营销方面特别有市场价值，但创业者能力集中在产品技术方面，那么创业者就需整合市场营销方面的人才共同创业。反之，如果该创业机会在产品技术方面拥有优势，而创业者能力和特长在市场方面，那么创业者就需整合产品技术人才一起创业。

2. 撰写商业计划书

商业计划书一方面能够更好的帮助创业者厘清创业思路、已有的资源以及急需的资源，另一方面能够作为一份吸引合作伙伴参与该创业项目的“英雄帖”。一份周到细致的商业计划书往往能够打动合作伙伴，使其能够清晰了解创业项目和未来的创业权益分配，增加未来合作的可能性。

3. 寻求创业合伙人

在前两步完成后，创业者可以通过亲戚朋友介绍、媒体广告、互联网、各种招商洽谈会等形式寻找创业合伙人。在寻找创业伙伴的过程中，创业者除了须考虑团队成员能力互补的因素外,更多需要从个人品质方面选择合伙人,个人品质是团队成员互相信任和合作的基础。在创业团队中,我们需要考察创业团队成员的个人品质有:诚信、忠诚、愿意奉献、团队精神等。

4. 落实合作方式

在寻找到有共同创业意愿的合伙人加入后,双方还需就具体的创业计划,股份分配等具体合作事项进行全面深入的沟通,以确定创业团队成员之间的正式合作方式。具体来说,首先要制定创业团队的决策机制、冲突处理机制、权责分配等管理规则。该规则须具有可操作性和前瞻性,不仅考虑到创业初期团队管理的实际需要,同时也兼顾到未来企业壮大后的情况。团队管理规则制定的最终目的是实现团队成员的凝聚力以及维护团队的稳定性。

与此同时,创业者也应妥善处理创业团队成员之间的利益分配,注重用与长期绩效有关的薪酬激励机制鼓励团队成员为了共同创业目标而持续努力。

4.2.2 理性逻辑与非理性逻辑

在选择创业伙伴或者合伙人的过程中,创业者应更加注重团队成员资源的互补性还是团队成员志趣相投?这牵涉团队组建的两种逻辑:理性逻辑与非理性逻辑。

理性逻辑是指在选择创业合伙人时,创业者首先会理性分析创业项目所需的资源和能力,然后选择能力和资源能够弥补创业者自身能力缺陷的创业伙伴。这种组建逻辑是将创业伙伴的加入作为弥补创业者自身能力的一种方式,强调的是团队成员的互补性,目的是通过整合更多的资源和能力以推动创业活动的开展。比如,携程创业团队的梁建章和季琦最初提出了创办一家旅游网站的概念,而两人都缺乏项目必须的融资等金融资本运作能力和酒店管理经验,于是他们找了融资专家沈南鹏和酒店管理专家范敏,共同组成了携程的"梦幻四人组合"。

非理性逻辑是指在选择创业伙伴时,更多的是考虑创业者之间的人际吸引力,比如,双方是否有共同的创业梦想和愿景、是否有共同的兴趣、是否有相似的工作经历、是否信任等,而不是团队成员拥有哪些资源和能力。这种非理性逻辑强调的是团队成员之间的信任和感觉,因为在大多数情况下,志趣相投、相似的创业者之间信任感更强,团队更有凝聚力和合作精神,能够避免团队的内耗,从而取得成功。比如,微软公司的比尔·盖茨和童年伙伴保罗·艾伦,阿里巴巴的十八罗汉团队,希望集团的刘氏兄弟等。

在实践中,两种逻辑组建的创业团队都不乏优秀的例子,都有各自的优势,不存在优劣之分。创业者需根据创业机会的特征来决定采用合适的组建逻辑。如果创业机会所包含的不确定性高,价值创造潜力大,也就意味着创业过程中面临的挑战越多,此时采用理性逻辑组建的创业团队可能会更好的完成创业过程中的复杂任务,从而有助于创业成功。比如,在高技术领域,大部分创业者都是根据理性逻辑来组建团队,强调团队成员之间在营销、财务等技能的互补。而如果创业机会所包含的不确定性较低、价值创造潜力一般,那么创业团队成员之间的信任和通力合作会更加重要,采用非理性逻辑组建的团队则会更可能成功。例如,在餐饮、零售、服装等传统行业,大多数创业者都是依据非理性逻辑组建创业团队,父子店、兄弟店、夫妻店等都很常见。

不同逻辑组建的团队各有优劣，意味着在日后的团队管理方面的侧重点也不一样，两种逻辑组建的团队之间需要互相"取长补短"。对于理性逻辑组建的创业团队，团队管理的重点在于加强团队的"一致性"，保持经常的沟通和协调、整合团队成员的技能、强化相互之间的信任感，具体的措施包括分工明确以及透明的决策机制、以信任为中心的团队沟通管理等。针对非理性逻辑组建的创业团队，管理重点在于强化"互补性"，信任感的维持、外部资源的整合、避免一致性倾向等，可采用招募核心员工、聘请外部专业顾问、以利益分配为中心的团队凝聚力管理等。

4.3 团队的管理

创业团队管理的重点是在维持团队稳定性的基础上尽量发挥团队的多样性优势。创业者可以在以下三方面加强团队的管理：

4.3.1 创业团队领袖将团队理念作为实现公司愿景的关键

创业团队领袖在激发团队热情、团队创造力、维持团队稳定方面起着非常重要的作用。创业领袖是团队的灵魂人物。比如已故的苹果公司 CEO 史蒂夫·乔布斯就是个很好的例子。乔布斯具有洞察市场的慧眼和难以抗拒的号召力，带领着一群志同道合的年轻人，拯救苹果公司走出财政危机，并使得苹果成为世界上最有价值的品牌。"没有了乔布斯，就没有今天的苹果。"世界如此评价这位伟大的创业领袖。

创业领袖要带领团队取得创业成功，除了个人需具备优秀的领导能力外，还需要精心设计公司愿景并带领、激励团队成员发挥潜能以实现公司的愿景。在一项 500 强公司中是否存在创业团队领袖的研究中发现，在大的创业团队中，创业团队领袖比其他人更具有创业愿景以及更强的动力和自信心来实践他们的愿景，使之成为现实，而实现该愿景的关键是团队的理念。许多人即使有着出色的技术才能和学历知识等人力资本，但这些出色的个人由于缺乏团队精神和理念而无法融入团队中。因此，创业领袖必须树立团队理念，将其作为实现公司愿景的关键，不断的向团队成员灌输，并在日后的管理中不断坚持。优秀的创业团队理念一般有以下几个共同点：

1. 凝聚力

凝聚力是优秀团队的基石，优秀创业团队的成员都会认为，团队的成功离不开每一位成员的共同努力，"一荣俱荣，一损俱损"。

2. 合作精神

团队合作精神深深根植于优秀团队成员的心中，他们相互合作，"别人的事就是自己的事"，通过互相补位提高团队整体的效率。

3. 完整性

完整性要求团队成员完成任务的时候，不能够忽略工作质量、员工健康和其他相关利益者的利益，做到不"以邻为壑"。

4. 长远目标

优秀团队着眼于企业的长远目标，并做好了长期奋战的准备，不会指望通过创业达到一夜暴富。

5. 收获的观念

在优秀创业团队看来，企业的成功是最终的成功，而不是他们个人的薪水、工作待遇和生活待遇等内容。

6. 致力于价值创造

创业团队成员都致力于价值创造，通过努力把“蛋糕”做大，不断创新产品和服务，满足客户的需求，让客户、供应商等相关利益者能够获得更大的价值和营利。

7. 平等中的不平等

在成功的初创企业中，每个团队成员由于能力和分工不同，应承担不同的职责并拥有相应的权利，这样才能更好的激励团队成员。因此，不能追求简单的平等。

8. 公正性

在激励机制上，优秀团队会在设计员工的各种奖励机制时，将奖励与个人在一段时期内的贡献和工作成绩相挂钩，并随时根据实际情况作出调整。

9. 共享收获

企业的成功是每一位成员共同努力的结果，当企业发展到一定程度时，优秀的创业团队会根据关键员工的贡献分配企业收益给关键员工。

4.3.2 建立合情合理的激励机制

在确定创业团队成员之后，建立合情合理的企业所有权分配机制是创业团队必须解决的关键问题。合理的所有权分配机制，将加强创业团队的凝聚力，激励团队成员更好的为企业目标奋斗，有利于企业的长远发展。在确定企业所有权分配机制过程中，需要注意以下几个原则：

1. 树立共享财富的理念

在企业所有权分配问题中，要做到同时兼顾公平和激励并不容易，但创业者拥有宽广的心胸和“与帮助你创造价值和财富的人一起分享财富”的理念将使之能不再纠结于持股的百分比问题，而关注于如何把企业做大。毕竟，零的51%还是零。只有把企业做大，创业者才能分得更多。蒙牛的创始人牛根生曾在多个场合提到“财聚人散，财散人聚”，说的也是这个道理。

2. 重视契约精神

契约精神是西方文明社会的主流精神，强调自由、平等、守信。在创业之初，应重视契约精神，及早把确定的所有权分配方案以公司章程形式写入法律文件，以契约形式明确创业团队成员之间的利益分配机制，这样能够有助于创业团队的长期稳定，避免创业后续的争端和纠纷。

3. 按照贡献分配所有权

所有权应按照团队成员对企业的长期贡献来分配。在现实中，按照出资额的多少来分配是常见的做法，但不应该忽略没有出资但有关键技术的成员对企业的贡献，应该在分配中予以考虑。

4. 控制权与决策权统一

初创时期，应实现控制权与决策权的统一。如果股份大的成员在不拥有公司控制权的条件下，由于该成员内心比其他成员更看重新创企业，更容易去挑战其他成员的决策错误，甚至决策者的权威，从而引起团队冲突和矛盾。

4.3.3 妥善解决团队成员之间的冲突

在创业团队的朝夕相处中，矛盾和摩擦的出现是难免的。团队成员之间的冲突可以分为认知冲突和情感冲突两种。认知冲突是指团队成员对企业经营过程中的具体问题产生不一致的意见、观点和看法。而情感冲突是指团队成员由于对企业经营过程中的具体问题存在不同的看法，而产生对其他成员的不信任、敌对、冷嘲热讽等不良情绪。

在某些情况下，团队成员之间的认知冲突将有助于发挥创业团队的多样性优势，激发和分享不同的观点，从而提高决策的质量。而情感冲突对创业团队是极其有害的，将导致团队成员不愿意沟通和参与到不同观点的讨论中，压制集体的创新、认知分享、团结协作和风险分担等企业家精神，创业团队因此变得保守，创业决策质量也大受影响，团队绩效下降，甚至诱发团队的解散。因此，创业团队领袖作为团队的协调者，应建立规则妥善处理团队成员的冲突，在一定范围内激发认知冲突，避免情感冲突。创业团队领袖可制定差异化、关注业绩、灵活性薪酬激励机制来鼓励认知冲突。而一旦发生情感冲突，创业团队领袖应先理性判断团队存续的可能性，通过替换新成员或者其他方式及时化解情感冲突。

4.4 大学生案例分析：余佳文与他的超级课程表创业团队

超级课程表是一款能对接高校教务系统，帮助大学生快速录入课表至手机的工具类应用。据了解，目前该应用的用户数已超过一千万，平均日活跃用户达 200 多万。除此之外，仅 2014 年年初到六月份，超级课程表中就产生了高达 17 亿次的课程搜索行为。同时，该应用中的“下课聊”模块也已经成为目前国内最大的学生匿名社交平台。超级课程表于 2011 年下半年上线，继 2013 年获红杉领投，策源创投跟投的千万级人民币 A 轮投资后，超级课程表团队 2014 年 8 月又获得了数千万美元的 B 轮投资。此轮投资由阿里巴巴集团领投，红杉资本以及策源创投继续参投。

超级课程表的初始创业团队是清一色的“90 后”大学生（如图 4-1 所示），核心团队有 9 人，都是来自非 211 大学的技术男，团队的领导者是余佳文。余佳文是广东潮汕人，1990 年出生。虽然家境不好，父母为了小孩的教育购买了电脑。从此，余佳文喜欢编写计算机编程，在父母反对的情况下，仍然半夜起来编写程序。余佳文在高二的时候就独立创立了高中生的社交网站，运营两年后卖给了一家网络公司获得了第一桶金 100 万人民币。2009 年余佳文考入广州大学华软学院，在大学期间，虽然没有清晰的创业目标，余佳文就开始寻觅和自己有共同兴趣、追求的人，“为人低调而做事踏踏实实的 Geek”。

不久，他找到了 8 个志同道合的小伙伴，初期大家一起写软件然后卖掉，每个赚几万元，到了毕业前夕，几个人东拼西凑凑钱开了一家小科技公司，原因是想留住创业伙伴。该创业团队于 2011 年下半年推出了超级课程表，虽然刚开始功能很粗糙，但是受到了本

图 4-1 超级课程表创业团队

校学生的热捧，很快就在广州高校乃至全国高校市场火起来了。

从 2011 年到现在，初始创业团队的 9 个人始终没有离开过，即使在公司资金链断裂的时期也是如此。这 8 名男生有比余佳文年龄大的学长，也有年龄小的师弟，他们和余佳文一样都是"为人低调而做事踏踏实实的 Geek"，唯一不同的是，余佳文从一开始就是团队的领导者。余佳文经常告诫自己的团队成员要脚踏实地，放弃空想。所有人都听他的。长期下来，该团队 9 人已具备眼神交流的默契。

目前，公司已经由 9 人的初始团队发展到 60 人左右，全部都很年轻，最大的员工才 30 多岁，多数是"90 后"。在公司，员工从来不叫他"余总"，稍微熟一点的直呼其名，平时嬉笑打骂，恶搞老板已成为他们固定的娱乐节目。老板也乐在其中，"我们本来就是小屁孩，干嘛装"。所以，不爱"装"的余佳文允许他的团队发布各种卖萌卖腐的微博，曾经员工还在公司门口摆放充气娃娃引来投诉，余佳文也只是一笑而过。他们拒绝与自己年龄不相符的成熟，好像失去个性就无法证明自己的存在。

当公司的员工意见不合时，他鼓励团队"吵架"。"我会把产品经理叫来，让大家来骂这个产品有多烂，再给产品经理一个机会，让他拿出新版本骂回去。"他认为这样的公司很有突破感，大家每天都会很有热情地做事。他曾经和女同事吵架，吵得女同事泪奔夺门而出，他自己却拍着桌子哈哈大笑。他说在公司男女平等，即使泪奔完也要回来把工作做完。没有道理的话，谁吵架都吵不过他。

他会鼓励员工经常更新简历，让他们避免成为井底之蛙的同时，顺便检验一下"超级课程表"的工作经历在人才市场的价值。他不担心人员流失，"只要公司有前途，老板对员工关心多一点，就很容易让员工有作为共同创业者而不仅仅是打工者的感觉。"余佳文没有硬性规定员工上下班的时间，只要做完了事就可以走，但如果没做完，员工也得自觉加班。他会偷偷给员工规划期权数量，但却不告诉他们，说是将来奖励时才有惊喜。

（资料来源：吴晓波. 90 后霸道总裁余佳文：征服马云，秒杀王思聪. 福布斯中文网。）

分析：从余佳文组建的最初 9 人团队来看，他们都是"为人低调而做事踏踏实实的 Geek"，属于有共同兴趣爱好和性格的创业者，非理性逻辑的因素更大。正如本章所述，非理性逻辑组建的团队在团队信任感以及凝聚力方面，会有更好的表现。自创业以来，最初的 9 人仍然留在团队里，没有一个流失，就是个很好的证明。

非理性逻辑组建的团队容易有一致性的倾向，对创新性想法的产生不利。余佳文的超标团队从最初9人到后来的60人左右，“90后”年轻人占大多数，而且背景经历相似。因此，在团队管理方面，余佳文的超级课程表团队在避免情感冲突的前提下，鼓励更多针对具体产品的“吵架”，“我会把产品经理叫来，让大家来骂这个产品有多烂，再给产品经理一个机会，让他拿出新版本骂回去”，以激发团队的创新意识。

课后练习：

1. 利用互联网查找温城辉、余佳文团队的报道，或者联系该团队，进行深入了解。

2. 组建创业团队参加创业实践活动或者创业比赛，或者申请大学生创新创业计划项目。

3. 观看影片《中国合伙人》，试着用本章的知识分析他们的团队组建过程和团队特点。

第5章 创业计划书的撰写

导入案例

爱音思弹与它的创业计划书

一个柔情音乐才子，一个敏锐技术奇才，两颗商业头脑，开拓一方音乐教育的新领域。广东外语外贸大学经贸学院产业经济学研究生林自立，经贸学院经济1102班的梁文正，两个大男孩，把科技融入音乐，用音乐带动社交。他们是爱音思弹的创立者，他们带领的创业团队GPS斩获广东外语外贸大学BAB创业大赛第三名、2013年广东外语外贸大学挑战杯比赛特等奖。截至2015年1月，爱音思弹创业团队(如图5-1所示)已经实现拥有培训学员1 040人、自编音乐教材三本、营业额50万的好成绩。

图5-1 爱音思弹的团队成员

以下是爱音思弹的创业计划书的目录：

(案例来源：该创业书由爱音思弹团队的合伙人梁文正提供，图片来自于 http://news.gdufs.edu.cn/article-83911.html.)

思考问题：

1. 从爱音思弹的创业计划书目录来看，创业计划书都包括哪些部分？
2. 创业计划书的撰写有哪些注意事项？

5.1 创业计划书的基本知识

5.1.1 创业计划书的基本概念理解

计划是管理流程中的一项重要职能，它是组织根据自身能力和所处的环境，制定出组织在一定时期内的奋斗目标，并通过计划的编制、执行和检查，协调、合理安排组织的各项经营管理活动，优化配置资源，取得预期经济和社会效益的管理职能。创业计划书是计划中的一种，除了具有计划的特定管理职能外，还具有特殊性，其特殊性可以从应用对象、创业过程和创业计划书的内容三个角度来理解。

从应用对象来看，创业计划书的应用对象通常是尚未创立而准备创立或者刚刚创立不久的企业。

从创业过程角度看，创业计划书在创业过程中起到承上启下的重要作用。创业过程按照时间的顺序，分为创业机会识别、创业团队组建、商业模式整合、创业计划书撰写、新创企业融资、新创业企业战略、新创企业营销、新创企业人力资源等。创业计划书撰写是创业过程中非常重要的一环，它既是对新企业成立之前各项准备工作的总结和整理，同时，也是为新企业成立后的融资、战略、营销等提供了明确的方向。

从创业计划书的内容看，创业计划书包括了创业的所有内容：新企业的成长历程、产品服务、市场分析、营销计划、创业团队、股权结构、组织人事、财务、运营到融资方案，以及未来可能遇到的风险和应对策略，都会在创业计划书中体现出来。因此，创业者必须对企业的创立到发展的整个历程有清楚的思路和综合认识，才可能写出一份完整的、好的创业计划书。

5.1.2 创业计划书的作用

综合来看，创业计划书可以起到以下作用：

首先，创业计划书是对新创企业自身情况的重新审视。通过创业计划书的撰写，创业者可以系统回顾自己拥有哪些创业资源与自身的优势劣势，以及创业想法是否合理充分。创业者可以发现自己哪些方面没有准备好，哪些方面的内容还没有考虑清楚，哪些内容还需进一步调研以明确未来的方向，为最终将创业想法付诸行动提供重要依据。

其次，创业计划书是企业未来战略规划的需要。预则立，不预则废。创业者只有提前对企业的竞争优势、人力资源管理、市场营销策略、风险应对等内容有所设想和准备，才能集中精力发挥竞争优势，当意外情况发生时也不至于手忙脚乱。

最后，创业计划书也是创业者获得创业资源的书面凭据和承诺书。创业者将通过创业计划书展示自己的创业计划和未来愿景，以取得对方的投资或者加盟。风险投资人需根据创业者提供的创业计划书来约定未来双方的权利和义务。

5.1.3 创业计划书的分类

创业计划书最终是为了获取各类创业资源。从创业计划书获取资源种类的不同，可以将创业计划书分为以下四类：

1. 针对资金资源的创业计划书

此类创业计划书主要目的是希望获得投资者的资金支持，是以风险投资者需求为出发点的。而风险投资者是如何评价一个好的创业项目的？风险投资者看重的创业项目需具有足够大的市场容量、持续的盈利能力、项目能够快速在不同地方复制，以及良好的创业团队。那么针对资金资源的创业计划书就要在以上方面浓墨重笔，才能够在众多的创业计划书中脱颖而出，获得风险投资者的青睐。

2. 针对人才资源的创业计划书

此类创业计划书是为了吸引志同道合的创业人才加盟该创业项目。一般来说，创业人才看重项目的创新性和未来盈利的可能性，以及成功创业后的收益。因此，企业的商业模式、发展规划、新成员如何加入以及利益分配是此类创业计划书的重点。

3. 针对网络资源的创业计划书

此类创业计划书主要针对企业客户群、行业协会、原材料供应商等可能合作对象。有效的合作关系往往能够给予创业者在创业过程中莫大的帮助。为了能够获得这种合作关系，创业者在必要的时候往往需要向合作对象提交创业计划书，阐明自身的优劣势以及双方进一步合作的利益。因此，创业计划书就需阐明双方合作方案以及合作可能带来的好处。

4. 针对政策资源的创业计划书

这类创业计划书以获取政府的政策支持为主要目的。创业企业的类型大多数为高新技术企业和公益性强的企业。此类创业计划书的重点是项目可行性、社会成本与社会收益的比较。政府往往愿意支持能够带来较大社会收益或者能够减少社会成本的创业企业。

5.2 创业计划书的内容与要素

以上阐述的是 4 种不同类型的创业计划书。不同类型创业计划书的写作目的和侧重点都不同。但不管是哪一类的创业计划书，都必须阐明一些关键要素，这些关键要素缺一不可。这些要素包括如下6项：

1. 产品或服务

产品或者服务是创业计划书最重要的要素。产品或者服务是每个企业独特的名片。我们往往根据企业提供的不同产品或者服务来区分企业。同时，创业企业的生存依赖其能填补市场空白的产品或者服务。每个企业的产品或者服务都不同。

在阐述企业的产品或者服务要素时，突出细节特别重要。现在，某一行业的产品或者服务提供者非常多，他们的重要差别体现在产品或者服务的细节上。同时，突出细节也能够给风险投资者传递“信心”，让他们清楚产品或者服务的详细情况，有助于其迅速判断产品或者服务的市场价值，加快投资的决策。

2. 产品市场

好的产品是具有广阔市场前景的前提。每个成功的创业企业都必然具有好的市场前景。

面对众多的创业企业，投资者为什么要投资于某个企业？答案在于该企业能够提供在一定风险水平下的高回报率。而这高回报率就体现在产品市场要素上。在产品市场这个要素中，创业者需向投资者证明产品所在的市场是消费者需求旺盛、每年产品需求的数量是快速增长的，而不是逐渐萎缩的“夕阳”市场。

3. 创业团队

是否具有好的产品和创业团队是风险投资人判断投资创业企业与否的两个重要标准。有时候，甚至它比产品要素还重要。当必须在“一流产品、二流团队”和“二流产品，一流团队”中作出抉择时，风险投资人作出的选择往往是后者。

在阐述创业团队要素时，创业者应展示创业团队具有的完成创业所需的技能、素质、创业准备与相关经历。由于大学生普遍缺乏行业的实际工作经历和成功创业经历，因此对于大学生创业团队来说，不应过分夸大团队的能力。但大学生创业者可以在展示其具有一定创业能力和素质的同时，强调为创业所进行的前期充分准备、具有坚韧的创业意志和坚持到底的决心。这往往能弥补创业经历缺乏的不足。

4. 企业经营状况

一份好的创业计划书，往往会提供创业企业已有的经营财务数据或者前期所试运营的财务数据或者相类似企业的调研财务数据，以向投资者证明创业企业具有良好的投资潜力和发展前景。

5. 市场营销方案

俗话说，酒香还怕巷子深。产品或者服务生产出来后，要能成功销售给消费者，企业才能获得相应的利润。在产品极其丰富的时代，具有好产品的创业企业还需具备优秀的营销方案才能获得成功。

6. 企业成长预期

在竞争激烈的现代社会，初创企业需以一定速度成长，抢占更多的市场份额，以保持竞争优势和维持生存。同时，风险投资人也期望在投资期内获得应有的回报。因此，创业企业能否以一定速度快速成长是投资人非常关注的内容。

在阐述企业成长预期时，创业者应避免空洞的预测，而是以实际调研数据或者客观数据来说明企业的高成长性。

5.3 创业计划书的写作

通常，一份典型的创业计划书可以分为以下十二个部分，依次是：封面及目录、摘要、企业简介、市场分析、产品分析、创业团队、营销计划、生产经营计划、研发计划、财务分析、风险分析、退出策略。它们之间的逻辑关系如图 5-2 所示。

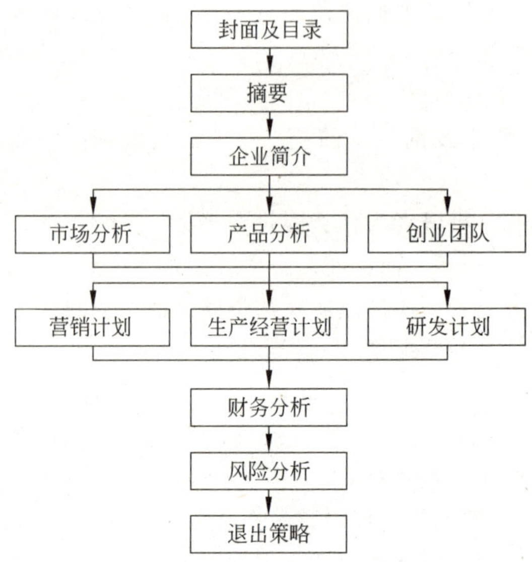

图 5-2 创业计划书各部分的逻辑关系

5.3.1 摘要

创业计划书的摘要将是风险投资者阅读创业计划书时首先要看到的内容。摘要是整本创业计划书的高度浓缩和精华所在。好的摘要对于获得投资人青睐具有重要作用。

在内容上，摘要应该简明扼要的重点向投资者传达以下 6 点信息：

(1) 创业项目的行业市场发展是蓬勃向上的。

(2) 创业项目的产品或者服务是具备核心竞争优势的。

(3) 创业发展规划与商业模式有科学根据和充分准备。

(4) 当前的创业团队是坚强有力、具有良好团队精神和可以为创业全力以赴的决心。

(5) 创业的成长规划和财务分析是客观，实事求是的。

(6) 投资者的投资回报是有吸引力而客观的。

在写作顺序上，为了把摘要写得更出色，摘要的写作往往是放在整个创业计划书的最后阶段进行。很多创业者首先完成整个创业计划书的主体写作工作，从中提炼出整个计划书的精华后，才动笔写创业计划书的摘要部分。

在篇幅和语言上，摘要一般在两页以内，语言风格须开门见山，文笔生动、精练。在刚开始的时候，风险投资者往往急于从第一段了解创业项目的产品和服务的基本情况。因此，在摘要的第一段，创业者须简明扼要的概括产品和服务的内容，最好能够一句话告诉投资人你的产品和服务是什么。

5.3.2 企业简介

企业简介通常是创业计划书正文的第一个部分，在获取资源之前，创业者首先要进行自我介绍，让投资者认识自己。重点是公司理念和如何制定公司的未来发展规划。

具体而言，可以从下面几个方面加以阐述：

（1）企业概述，可以提供企业的地址、电话和联系人等信息。

（2）企业所从事的主要业务介绍。

（3）企业所属行业介绍。

（4）企业发展历史与经营现状。

（5）企业未来发展规划，指出关键的发展阶段以及主要的推动力。

（6）企业组织结构设置。

（7）企业的所有制性质，如果隶属于一个大型企业的子公司，则应该阐明它们之间的具体层级关系。

5.3.3 市场分析

市场分析是创业计划书主体部分的第一个重要成分。市场分析部分应向投资人展示创业项目所在的市场是蓬勃发展的。具体来说，创业者应该懂得，风险投资者非常急于知道企业的市场状况和竞争势态，创业者需向投资者展示企业是处于竞争小、市场前景广阔的蓝海领域。

市场蓬勃发展的一个重要衡量指标是产品具有相对大的市场容量。在对产品市场容量进行描述时，许多创业者往往会走进把行业市场容量当成企业目标市场容量的误区。比如，某大学生创业企业销售的是针对大学校园的手绘明信片，那么在描述其市场容量时，不应该描述成所有明信片的市场需求量，而大学生对手绘明信片的需求量才是真正的市场容量。因为实际上，企业提供的产品只是在其中的某一个细分市场上销售。创业者应选择产品所在的细分市场作为产品市场容量。

在市场分析部分，一般从下面三个层次进行分析：

1. 目标市场定位

目标市场是企业产品和服务所在的终端市场。目标市场应定位于细分市场，目标市场的准确定位将有助于企业找准主要的顾客，是顾客采取恰当营销方案的前提。在筹备创业的过程中，创业者可能已经获得了顾客的订单或者合作意向书，该信息可以在目标市场这一部分展示出来，增强投资者的信心。

2. 行业市场分析

行业市场分析是对产品和服务所处行业的发展概况、发展趋势、决定因素等进行分析，以让投资者能够估计该企业的发展潜力。

在进行行业市场分析时，创业者应避免将整个国家的宏观形势作为分析对象。行业分析要有数据支持，可用报纸、市场研究、分析报告以及亲自调研结果来说明。创业者不应局限于行业的某一部分企业，而要提供行业的市场全貌，让投资者充分了解行业市场的整体情况。此外，行业分析讲述的重点是这个行业发展的关键性因素。只有厘清行业发展的关键因素，创业者才能知道创业项目是否真正能够持续获得发展。

关于行业分析的典型问题如下：

(1) 该行业发展程度如何？现在的发展动态如何？

(2) 创新和技术进步在该行业扮演着一个怎样的角色？

(3) 该行业的总销售额有多少？总收入为多少？发展趋势怎样？

(4) 价格趋向如何？

(5) 经济发展对该行业的影响程度如何？政府是如何影响该行业的？

(6) 是什么因素决定着它的发展？

(7) 竞争的本质是什么？你将采取什么样的战略？

(8) 进入该行业的障碍是什么？你将如何克服？该行业典型的回报率有多少？

3. 竞争对手描述

正所谓，知己知彼，百战不殆。竞争对手的描述应重点放在主要竞争对手的情况分析上。通过分析竞争对手，创业者可以进一步明确自己的优劣势所在，同时，向投资者展示所在市场的竞争态势到底是处于红海还是蓝海。

竞争分析可以从以下五个典型问题开展：

(1) 谁是最接近的五大竞争者；

(2) 他们的业务如何；

(3) 他们与本业务相似的程度；

(4) 从他们那里学到什么；

(5) 如何做得比他们好。

5.3.4 产品分析

产品分析的重点在于体现产品和服务的核心竞争力。关于产品特征的描述，应该从两个方面重点考虑。一方面是产品的独特性，即与竞争对象进行比较，这一产品能够提供哪些额外的价值。比如，阿里巴巴的余额宝刚推出时，相比银行活期储蓄，具有收益高的独特价值；相比基金公司的产品，具有没有购买门槛、购买方面的独特价值。在描述产品的独特性时，创业者应该给出产品的细节。有时候，服务类企业的创业者如果在创业计划书中能提供类似服务操作手册的资料，将大大增加投资者对其项目进行投资的可能性，因为它是产品或者服务的细节。另一方面则是产品的创新性。如果产品具备很强的技术创新性，并且难以被竞争者所模仿，那么创业者的产品优势就是可持续的，这一产品就具备较强的吸引力。

对于产品特征的描述可以从以下几个方面进行：

(1) 产品的基本信息，包括名称、品牌、特征及性能用途等。

(2) 市场上是否已经有或即将有同类产品。

(3) 与同类产品相比，产品独特性在哪些方面。

(4) 产品的价位如何，这一价位是否合理。

(5) 产品的市场前景和竞争力如何。

(6) 让顾客购买产品的关键性因素如何。

(7) 产品的技术含量如何。

(8) 产品是否拥有知识产权保护措施。

5.3.5 创业团队

投资者在阅读创业计划书时特别注重管理团队的考核评估。在风险投资界,风险投资商看重这两个因素:第一,创业项目;第二,创业团队。因此在一些创业计划书的模版中,管理团队的相关信息往往被直接放在摘要部分的后面。这样方便投资者能够很快看到管理团队的信息,增强投资的倾向。这一部分的内容主要包括两个方面:

1. 管理层展示

包括基本信息;工作经历;行业经验;教育背景;在产品设计与开发、财务管理、市场营销等方面的经历;职业道德、能力与素质等。对于当代大学生创业者来说,缺乏工作经历和行业经验是一大软肋,可展示其创业的强大决心。

管理层的人数一般在 6 名以内,核心管理层在 3 名以内。当创业团队有对创业项目非常有用的顾问等外部资源也可以列入。

在管理层展示部分,大学生创业者应避免过分强调教育背景,而应该强调与项目有关的经验和过去取得哪些相关的成功,这往往比教育背景更能导致创业项目的成功。

2. 团队分工和激励措施

合理的分工以及有力的激励措施是良好创业团队的重要标志。在该部分,创业者应该让投资者相信,团队的分工做到了人岗相适,团队薪酬激励是有力的。具体来说,包括以下内容 :

(1) 初创企业主要股东的介绍和相关的控制权;

(2) 管理团队的分工情况和依据;

(3) 具体项目的负责人以及核心项目的负责人;

(4) 团队成员薪酬以及激励措施;

(5) 团队成员决策机制以及冲突解决机制。

值得注意的是,在展示团队成员时,过往的成功业绩以及团队成员之间的互补性往往比教育背景和单一的经历更有说服力。

5.3.6 营销计划

营销计划回答的是创业者如何实现市场上的销售,任何一个投资者都十分关心企业在推出产品时的营销策略。

在创业计划书中,应该说明以下几个方面的问题。

1. 营销规划

这部分阐述的是创业者的总体营销规划、相关的准备工作和配套支持措施。创业者可以结合前面的行业市场分析以及产品说明进行具体阐述。一般来说,该部分包括以下几个方面:

(1) 企业总体的营销计划;
(2) 营销机构和人员配置;
(3) 市场渗透于开拓计划;
(4) 一般的销售流程介绍;
(5) 销售预期以及销售时间预测;
(6) 营销突发状况的应急措施。

2. 分销渠道设置

分销渠道是指企业产品和服务能够到达消费者的有效途径和方式。创业者需根据产品所在的市场特征、产品特点、企业财力、中间商合作的可能性以及整体经营环境来选择合适的分销渠道。分销渠道的介绍包括以下方面:

(1) 销售渠道构成以及实施方案;
(2) 销售队伍情况以及管理方案;
(3) 销售渠道建设的风险应对措施;
(4) 销售渠道的发展方向和分阶段目标。

3. 产品宣传和促销

对于初创企业来说,企业在市场上缺乏知名度,消费者对企业产品不熟悉,进行产品宣传和促销是很有必要的。一般来说,包括以下内容:

(1) 企业如何提高目标客户群对产品的认知;
(2) 企业采取何种广告和促销手段;
(3) 企业进行产品宣传和促销的经费预算;
(4) 促销的效果预测以及风险应对措施。

4. 产品定价策略

在该部分,创业者应详细说明初创企业各类产品的价位以及定价依据。定价依据是否合理,直接影响初创企业的盈利预期,因此合理的定价依据是其中的重点。创业者可以综合考虑市场竞争的激烈程度、初创企业的竞争实力、产品的创新程度、消费者的价格敏感度等因素合理制定价格。一般来说,应包括以下内容:

(1) 产品价格大致是多少;
(2) 产品定价的依据;
(3) 与同类或者相似产品比较,该价格是否有竞争力;
(4) 消费者的价格敏感度;
(5) 产品价格发展趋势以及判断依据。

在营销计划部分,如果创业者通过图表或者数据的直观形式向投资者展示以上各个部分,将更能吸引投资者注意并让投资者确信创业者已经对产品的营销计划进行了周密安排。

5.3.7 生产经营计划

生产经营计划也是创业计划书中的一个重要组成部分。在这一部分,创业者应尽可能把新产品的生产制造及经营过程展示给投资者。

在生产经营计划部分，创业者可以从以下几个方面进行论述：

(1) 厂房和生产设施配置；

(2) 基础设施(水、电供应、通信、道路等)需求；

(3) 现有的生产设备以及将要购置的生产设备；

(4) 原材料需求和供应；

(5) 生产工艺流程介绍，是否已经具备一定的成熟度；

(6) 生产过程中的关键环节介绍；

(7) 新产品的生产经营计划；

(8) 未来可能的生产能力调整(压缩或者扩张)；

(9) 生产经营的成本分析；

(10) 品质控制和质量改进能力；

(11) 生产过程需要什么样的人力资源(基层员工和管理人员)。

5.3.8 研发计划

研究与开发计划反映了企业在应对未来的技术发展趋势以及技术方面可能存在的竞争态度。即使创业者的产品一开始具备很强的技术领先优势，如果创业者不能持续地投入资金用于研发工作，在日益激烈的竞争环境中，创业者拥有的技术优势很容易被其他企业所赶超。

创业者可以从以下几个方面进行论述：

(1) 未来的技术发展趋势；

(2) 公司的技术研发力量；

(3) 已用于研发的费用总额；

(4) 研发的计划发展方向和目标；

(5) 研发计划与企业的整体规划的结合程度；

(6) 研发的具体任务设置；

(7) 研发新产品的成本预算及时间进度。

5.3.9 财务分析

财务分析部分将是一个需要花费相当多时间和精力来编写的部分。投资者将会期望从财务分析部分来判断企业未来经营的财务损益状况，进而从中判断自己的投资能否获得预期的理想回报。

这一部分的论述可以从以下三个方面进行：

1. 历史财务数据

对于已经成立并且经营的企业，历史财务数据是必须提供的。经营状况良好的企业可以通过过去的历史财务数据获得投资者更多的信任。而对于历史经营状况不好的企业，创业者需指出原因，力图使投资者相信随着企业发展，未来企业经营状况会改善。在这一部分，主要需要提供以下历史财务数据：

(1) 近三年以来的现金流量表；

(2) 近三年以来的资产负债表;

(3) 近三年以来的损益表;

(4) 其他常用的财务指标以及相关分析;

(5) 总体财务状况分析,尤其针对不良的财务状况需给出原因和解决办法。

2. 未来的财务规划

未来的财务规划是财务分析部分的重点。创业计划书的每一部分内容都会体现在该部分。创业者需要重点根据创业计划书的营销计划、生产经营计划、研发计划三部分的内容预测未来企业经营的成本和收益,以规范的财务报表形式供投资者参考。财务预测的可信度是预测的核心。为了增加可信度,在财务预测时,创业者需给出财务假设的依据、方法、结果,并对财务假设的合理性进行重点论述。

一般来说,可以在财务分析部分进行以下四方面的论述:

(1) 未来 3~5 年内的企业运营费用;

(2) 预计所需的投资额;

(3) 未来 3~5 年的营收状况;

(4) 未来 3~5 年的财务报表。

财务报表包括月度现金预算、一年的盈利情况预测、资产负债表等。需要注意的是,创业者尤其要重视现金流的预测,在进行财务分析时要注意对企业在初创阶段每一时期的现金流进行预测,保证企业有正常的现金流对于初创企业的生存非常重要。同时,在产品销售收入的估算时,分析要客观,做到不悲观、不过分乐观。在成本费用估算时,估算数据时要保守。

3. 融资相关问题

融资相关问题是对未来财务规划中所需投资额的补充说明,一般包括以下方面:

(1) 选择何种融资方式;

(2) 融资抵押和担保情况的说明;

(3) 融资附加条件,是否有特别条款;

(4) 选择何种资金注入方式;

(5) 投资者对企业经营管理权的要求,是否要求一定的决策权和控制权。

创业者在写作该部分内容时,需对融资方式的细节问题予以说明,特别是投资者可能投入和收益情况,拥有多大程度的控制权和决策权,以免以后不必要的纠纷。

5.3.10 风险分析

正如我们前面所说,创业活动的特征是高收益的同时伴随着高风险性。避开了风险,仅谈收益,将会失去投资者的信任。因此,风险分析是创业计划书的必要构成部分。针对创业的风险,创业者应该尽可能明确企业未来可能面对的风险以及可能的解决方案。对于创业活动来说,风险包括以下三方面。

1. 市场经营方面的风险

该风险指企业在日常经营管理中可能遇到的不确定因素。包括以下三个方面:

(1) 市场不确定因素,指企业在市场开拓可能遇到的障碍和问题,如产品销路不畅、外部需求环境的变化等；

(2) 生产或服务的不确定因素，即在生产产品或者提供服务的过程中，企业可能遇到的各种问题；

(3) 技术发展的不确定因素，指在技术研发方面可能遇到的困难。

2. 管理团队方面的风险

对于初创企业来说，管理团队成员都可能是这个行业的新手或者没有实际的行业管理经验。这对于大学生创业企业来说非常普遍，没有必要刻意隐瞒。管理团队方面的风险一般有三个方面：

(1) 管理经验不足，团队成员是该行业的新手；

(2) 经营时间短，缺乏企业信誉的积累以及人脉等资源的积累；

(3) 对企业核心人物的过度依赖，比如对拥有该企业关键技术的工程师或者核心领导者的过度依赖。

3. 财务方面的风险

作为初创企业，在资源匮乏的情况下，财务风险往往相对比较大，必须给予足够的重视。财务方面的风险包括如下三方面：

(1) 现金流危机，即现金流发生断裂，无法维持企业最基本的经营开支；企业的资金周转存在较大的不确定性；

(2) 在投资可能失败情况下，企业的清偿能力存在不确定性；

(3) 由于初创企业资源不足所导致的长期资金积累存在较大不确定性。

4. 其他方面的风险

这方面的风险包括政策法规的不确定、突发事件，比如采煤企业可能遇到煤矿塌方等安全事故，制造企业在用电高峰期可能电力短缺的问题等。创业者都要尽可能的予以阐述。

在充分阐述企业可能遇到的风险后，创业者应给出风险的应对措施和解决方案。只有这样，创业者才能在风险出现的时候，不至于束手无策，最大可能的保证企业的正常发展。

5.3.11 退出策略

对于提交给投资者的创业计划书，如何保障投资者的退出是投资者所关注的重要问题。在这一部分中，创业者必须对企业将来公开发行股票、出售给第三方或者创业者回购投资者股份的可能性予以详细说明。退出策略的论述须详细具体，同时对投资者可能取得的收益用客观数据说明，方能让投资者放心把资金投入到初创企业中。

这一部分可以尝试从以下四个方面进行论述：

(1) 投资者可能获得的投资回报；

(2) 公开上市的可能，上市后公众会购买企业股份，投资人所持有的股份就可以售出；

(3) 兼并收购的可能，通过把企业出售给其他公司，投资者也能够收回投资；

(4) 偿付协议，如果企业未来难以上市，也不准备被收购，那么创业者将按照怎样的条款回购投资者手中的股份。

5.4 广东省创新创业计划中创业项目申请书的写作

5.4.1 广东省创新创业计划简介

广东省教育厅根据《教育部财政部关于"十二五"期间实施"高等学校本科教学质量与教学改革工程"的意见》(教高〔2011〕6号)、《教育部关于做好"本科教学工程"国家级大学生创新创业训练计划实施工作的通知》(教高函〔2012〕5号)等文件精神,于2012年起在广东省各高校广泛开展广东省创新创业训练计划项目,以推动大学生自主性研究学习和创业实践活动的开展。

该创新创业训练计划项目分为创新训练项目、创业训练项目和创业实践项目三类。其中,创业训练项目是本科生团队,在导师指导下,团队中每个学生在项目实施过程中扮演一个或多个具体的角色,通过编制创业计划书、开展可行性研究、模拟企业运行、进行一定程度的验证试验、撰写创业报告等工作;创业实践项目是学生团队在学校导师和企业导师的共同指导下,采用前期创新训练项目(或创新性实验)的成果,提出一项具有市场前景的创新性产品或者服务,以此为基础开展创业实践活动。项目申请采取申请书专家评审的方式,评审通过的学生将获得一定经费的资助,资助金额在3 000～10 000元不等。

该项目自实施以来,在推动创业实践活动的开展方面取得了良好效果。许多有创业梦想的大学生通过该项目的资助,启动了人生的创业之路。

5.4.2 广东省创新创业训练计划项目申请书结构与写作要点

有志于创业的在读大学生可以申请广东省创新创业训练计划项目中的创业训练子项目或者创业实践子项目。这两类项目都采用同一种申请书格式进行申报。

该申请书包括封面、申请者基本信息、项目介绍、市场分析、市场营销、财务分析、项目进度安排、创业愿景、经费预算等。要注意的是,由于该项目申报需经过学校审批,而广东每个高校的创新创业计划管理办法都略有不同,申请者应结合所处学校的管理办法有针对性的填写申请书。现就以广东外语外贸大学为例,结合该校的管理办法,选取申请书主要部分的写作要点一一作出说明。

1. 封面

封面包括学校名称、项目名称、项目类型、项目来源、所属一级学科、项目起止时间、负责人姓名和联系电话、指导教师姓名和联系电话、申请日期。

在填写项目类型时,可以填创业训练项目或者创业实践项目。创业训练项目是通过该计划的实施,让申请者及其团队能够最终撰写出创业计划书。而创业实践项目是申请者在已有创业计划书的基础上,将创业活动付诸实践,申请时需附上创业计划书。申请者应该把握两者的区别,根据自身实际情况准确填写。

此外,负责人和指导教师也需符合要求。负责人必须是一至三年级的在校大学生,并且只能作为负责人申报一项创业项目。大学四年级的在校生不能作为负责人,但可以作为成员参与该申请项目。而指导教师需具有讲师以上(含讲师)职称或者博士学位或者具有丰富的创业实践指导经验。并且,每名指导教师只能指导1项创业项目。因此,申请大学生在寻求老师指导时需了解清楚指导老师是否有指导其他项目。

2. 申请者基本信息

该部分包括项目名称、经营类型、经营范围、项目实施时间、项目负责人、第一指导教师、第二指导教师、创业团队人员信息、团队人员获奖以及成果情况、相关经历的信息。

无论是创业训练还是创业实践项目,执行期间都不能超过两年时间。因此,在项目实施时间这一栏目中,起止时间应该限制在两年之内。但往往一个创业项目真正要成功,需经历不止两年的时间。因此在进度安排写作中,申请者应根据创业项目类型与实际情况灵活填写。

每个创业项目申请最多可有两名指导教师。申请大学生在选取指导教师时,应选取具有丰富创业实践指导经验的教师或者具有丰富校内外资源的教师。此外,创新计划鼓励校外指导老师的参与,因为这样能够给创业大学生带来更多的校外创业资源。申请大学生可邀请具有创业项目所处行业的行业精英或者企业家作为第二指导老师。

在广东外语外贸大学创新创业训练计划项目管理办法中,创业团队要求不超过6人,且团队成员所处的年级交叉。如果申请者的创业团队成员超过六人,需在申请书里填写最核心的成员。团队成果、相关经历的填写,应重点填写能体现完成创业项目所需能力和素质的相关成果与经历,比如某项科技发明、销售、营销、管理、曾经的小创业活动等。

3. 项目介绍

项目介绍包括行业背景、产品或服务特色、商业模式/赢利模式三大部分。项目介绍体现的是创业计划书六要素中的产品或者服务要素。

申请者在写作行业背景时,应该突出体现产品或者服务所在行业的概况和发展情况,决定该行业企业竞争力的关键因素等。

当论述产品或服务特色时,除了介绍产品和服务特色的基本内容外,还应该突出产品和服务的"人无我有,人有我优"的核心竞争力。

商业模式(赢利模式)是其中的重点。商业模式是企业如何最优化整合资源以赚取利润的过程和方式。好的商业模式具有独特性,每个创业企业所处行业和具体掌握的资源,发展阶段都不同,因此成功的创业企业的商业模式都不同。同时,申请大学生应该把握商业模式并不一定是技术创新,而更多的是如何整合现有生产或者服务流程以及配置以优化企业资源组合方式以赚取利润的过程。

4. 市场分析

该部分包括市场需求、目标市场、市场前景、产品或服务前景四个部分。

该部分的写作重点如表5-1所示。至于具体写作内容,读者可以参考本书第三节的市场分析部分。

5. 市场营销

包括营销策略 、定价策略 、SWOT分析三部分内容。营销策略和定价策略的写作,读者可以参考第三节营销计划部分。

表 5-1 市场分析各组成部分写作重点

序号	组成部分	写 作 重 点
1	市场需求	目前产品和服务的现状，整个市场还有哪些需求没有被满足
2	目标市场	细分的目标市场在哪里？目标顾客是谁？
3	市场前景	未被满足的需求总量有多大？该细分市场的发展前景，有哪些竞争对手。展现是朝阳产业，是一片红海中的蓝海。
4	产品或服务前景	产品和服务的特色，为何顾客会购买你的产品和服务，展现该服务和产品很好的填补了市场空白。

SWOT 分析包括分析企业的优势(strengths)、劣势(weaknesses)、机会(opportunities)和威胁(threats)。优劣势分析主要是着眼于企业自身的实力及其与竞争对手的比较，而机会和威胁分析则将注意力放在外部环境的变化及对企业的可能影响上 。在该部分，进行 SWTO 分析的重点是要结合企业在营销的 4P 要素(产品要素，渠道要素、促销要素、定价要素)，用 SWTO 分析表形象分析企业的市场营销计划。在应用 SWTO 时，须注意：

(1) 进行 SWOT 分析的时候必须对公司的优势与劣势有客观的认识；

(2) 进行 SWOT 分析的时候必须区分公司的现状与前景；

(3) 进行 SWOT 分析的时候必须考虑全面；

(4) 进行 SWOT 分析的时候必须与竞争对手进行比较，比如优于或是劣于你的竞争对手；

(5) 保持 SWOT 分析法的简洁化，避免复杂化与过度分析；

(6) SWOT 分析法因人而异。

6. 财务分析

财务分析包括利润预计、资金筹备、风险分析 、退出策略。

利润预计包括销售收入估计和成本费用估计。估计销售收入时，要客观，不能过分乐观。在估计成本费用时，要全面和保守，充分考虑到各种显性和隐性的费用。

资金筹备，须说明企业经营所需的资金情况和来源渠道，具体请参考第三节中的融资相关问题。

风险分析、退出策略请参考第三节的相关内容。

课后练习：

1. 以小组为单位，选择一个创业项目，试着撰写创业计划书。

2. 查找自己所在高校的创新创业训练计划项目管理办法，结合该管理办法，试着撰写创业类的项目申请书。

3. 各创业团队尝试拿着创业计划书与潜在投资者(同学、老师、家人、朋友、风险投资人)交谈。

附录：创业训练项目（创业实践项目）申请书

编号：____________

广东省大学生创业训练、创业实践计划项目

申 报 书

学校名称：______________________________

项目名称：______________________________

项目来源：______________________________

项目类型：（　）创业训练项目　（　）创业实践项目

所属一级学科名称：______________________

项目起止时间：__________________________

负责人姓名：____________________________

联系电话：______________________________

指导教师：______________________________

联系电话：______________________________

申请日期：______________________________

广东外语外贸大学教务处制

二〇一二年五月

填 写 说 明

一、申报书要按照要求，逐项认真填写，填写内容必须实事求是，表达明确严谨。空缺项要填“无”。

二、格式要求：表格中的字体是小四号仿宋体，表格内空间不足的可设置为五号字，单倍行距；需签字部分由相关人员以黑色钢笔或碳素笔签名。均用 A4 纸双面打印，于左侧装订成册。

三、项目来源为前期实验成果、自主研发、他人授权、其他。

四、项目类型为科技类、咨询类、设计类等。

五、请各项目组及时将项目申报书纸件（一式三份）与电子版一并报送项目负责人所在学院，经学院初审并签署意见后，由学院统一报送教务处。

六、创业实践项目申报时需附《创业计划书》。

<table>
<tr><td>项目名称</td><td colspan="6"></td></tr>
<tr><td>经营类型</td><td colspan="2"></td><td>经营范围</td><td colspan="3"></td></tr>
<tr><td>项目实施时间</td><td colspan="6">起始时间：　年　月　　完成时间：　年　月</td></tr>
<tr><td rowspan="3">项目负责人</td><td>姓名</td><td></td><td>性别</td><td></td><td>特长</td><td></td></tr>
<tr><td colspan="2">学院、专业</td><td colspan="2"></td><td>学号</td><td></td></tr>
<tr><td colspan="2">联系方式</td><td colspan="2"></td><td>电子邮箱</td><td></td></tr>
<tr><td rowspan="3">第一指导教师</td><td>姓名</td><td>职称、职务</td><td colspan="2">所在学院（或单位）</td><td colspan="2">联系电话</td></tr>
<tr><td></td><td></td><td colspan="2"></td><td colspan="2"></td></tr>
<tr><td colspan="6">指导过的创业类竞赛（未指导过的填无）</td></tr>
<tr><td rowspan="3">第二指导教师（无第二指导老师的不填）</td><td>姓名</td><td>职称、职务</td><td colspan="2">所在学院（或单位）</td><td colspan="2">联系电话</td></tr>
<tr><td></td><td></td><td colspan="2"></td><td colspan="2"></td></tr>
<tr><td colspan="6">指导过的创业类竞赛（未指导过的填无）</td></tr>
<tr><td rowspan="7">创业团队人员信息</td><td>姓名</td><td>性别</td><td>专业</td><td>学号</td><td>联系电话</td><td>工作分工</td></tr>
<tr><td></td><td></td><td></td><td></td><td></td><td></td></tr>
<tr><td></td><td></td><td></td><td></td><td></td><td></td></tr>
<tr><td></td><td></td><td></td><td></td><td></td><td></td></tr>
<tr><td></td><td></td><td></td><td></td><td></td><td></td></tr>
<tr><td></td><td></td><td></td><td></td><td></td><td></td></tr>
<tr><td></td><td></td><td></td><td></td><td></td><td></td></tr>
<tr><td rowspan="4">团队人员获奖及成果情况</td><td>获奖者</td><td colspan="4">奖励、成果名称</td><td>颁发单位及时间</td></tr>
<tr><td></td><td colspan="4"></td><td></td></tr>
<tr><td></td><td colspan="4"></td><td></td></tr>
<tr><td></td><td colspan="4"></td><td></td></tr>
<tr><td>已有相关经历</td><td colspan="6"></td></tr>
</table>

续表

一、项目介绍(1.行业背景；2.产品或服务特色；3.商业模式/赢利模式)
二、市场分析(1.市场需求；2.目标市场；3.市场前景；4.产品或服务前景)
三、市场营销(1.营销策略；2.定价策略；3.SWOT 分析)
四、财务分析(1.利润预计；2.资金筹备；3.风险分析；4.退出策略)

续表

五、项目进度安排

六、创业愿景

七、经费预算（如有外来资金可作说明）

支出科目	计算根据及理由	金额（单位：元）
合　　计		

八、项目负责人承诺：

我保证填报内容的真实性。如果获得资助，我与本项目组成员将严格遵守学校的有关规定，认真开展项目工作，按时报送有关材料。

负责人签名：

年　月　日

续表

九、指导教师评价：

签名：
年　月　日

十、学院推荐意见

学院负责人签名：　　　　（学院公章）
年　月　日

十一、学校专家组意见：

组长签名：
年　月　日

十二、学校意见：

负责人签名：
年　月　日

申请者的承诺与成果使用授权

本人自愿牵头申报广东省高等学校大学生创新创业训练项目建设项目。认可所填写的《广东省大学生创新创业训练项目申报表》（以下简称为《申报书》）为有约束力的协议，并承诺对所填写的《申报书》所涉及各项内容的真实性负责，保证没有知识产权争议。项目申请如获准立项，在专业建设过程中，接受广东省教育厅或其授权（委托）单位以及本人所在单位的管理，并对以下约定信守承诺：

1. 遵守相关法律法规。遵守我国著作权法和专利法等相关法律法规；遵守我国政府签署加入的相关国际知识产权规定。

2. 遵循学术研究的基本规范，恪守学术道德，维护学术尊严。研究过程真实，不以任何方式抄袭、剽窃或侵吞他人学术成果，杜绝伪注、伪造、篡改文献和数据等学术不端行为；成果真实，不重复发表研究成果；维护社会公共利益，维护广东省高等学校大学生创新创业训练项目的声誉和公信力，不以项目名义牟取不当利益。

3. 遵守广东省高等学校大学生创新创业训练项目有关管理规定以及广东省财务规章制度。

4. 凡因项目内容、成果或研究过程引起的法律、学术、产权或经费使用问题引起的纠纷，责任由相应的项目承担人员承担。

5. 项目立项未获得资助或获得批准的资助经费低于申请的资助经费时，同意承担项目并按申报预期完成研究建设任务。

6. 同意广东省教育厅或其授权（委托）单位有权基于公益需要公布、使用、宣传《申报书》内容及相关成果。

项目主持人（签章）：________

年　月　日

5.5 大学生创业案例：玛修动漫有限责任公司创业计划书

玛修动漫有限责任公司创业团队来自于广东外语外贸大学，该项目获得 2012 年第八届广东创业大赛金奖。以下是该公司创业计划书的摘要部分：

当前 COSPLAY 市场不成体系，也缺乏民族化元素。COSPLAY 服饰制作复杂、价格昂贵、摄影难度大，很多人想尝试都未能如愿，本公司的创立正是为了填补这个缺口。

公司实行“五位一体”的发展策略，主营 COSPLAY 摄影/影视制作和动漫主题咖啡馆业务，辅营“珂珂阿修”DIY、动漫周边产品销售和 COSPLAY 服装道具外租。公司打破传统动漫服务单一的模式，将五种动漫服务融合为一体，实现多元化。

公司设计了一系列原创性动漫形象作为公司吉祥物，引领中国动漫原创设计风潮。同时设计出了公司的 LOGO、咖啡馆菜单和会员卡等。为了推动动漫民族化和国际化，公司推出了中国风系列 COSPLAY 摄影，包括华夏风、民族风和民国风系列，把中国几千年的文化服饰推向世界。

通过对行业中的供应商、购买者、现有竞争者、潜在竞争者和替代品进行分析，公司具有较强的竞争力和良好的发展前景。公司以 12～26 岁人群为目标群体。次要消费群体为 12 岁以下及 26～35 岁的动漫爱好者，边缘消费群体为 35 岁以上的人士。

公司为顾客提供了一系列多元、完善、专业、时尚的动漫衍生服务，并通过 COSHOOT 品牌包装与管理，在顾客中建立良好的口碑。选址于动漫星城广场旁边的连新路商业楼，动漫领域资源丰富、交通方便。同时以成本导向定价法为主，竞争导向定价法和需求导向定价法为辅对动漫衍生产品和服务进行定价。在公司快速成长期、稳步扩大期以及多元发展期也有不同的促销策略。

公司在初期通过提供多元的产品和服务进行市场开拓，树立 COSHOOT 品牌形象。中期，公司致力于全面打开广东省市场，逐步拓展全国市场。后期，公司将以专业动漫迷市场与普通大众市场相结合的方式，全面进攻动漫产业，实现产品与服务多元化。

公司的注册资本为 32 万，主要以团队内部人员共同出资分摊认缴资本，按比例占有股权。我们以公司价值最大化为财务目标，第四年增开了一间旗舰店，收入和净利润也由此得到阶梯式飞跃。此外，公司的净资产收益率和安全边际较高且呈不断增长的态势，公司能够给投资者带来较高的回报，而且经营抗风险能力强。

最后，我公司主要面临市场风险、经营风险、人事风险和财务风险，公司将积极采取应对措施，加大对正版产品的宣传力度，购置最受客户欢迎的系列服装道具，并借以宣传公司摄影业务；此外，建立严密的文件保密制度，以及做好财务风险的预防及控制。

（案例来源：由玛修动漫创业团队主要成员耿卫军提供。）

案例分析：该摘要部分较好的把创业计划书的基本内容以精练的语言，用一页纸左右的篇幅简明扼要的展示给投资者和评委。

第一段用简洁的语言阐述了目前市场的不足及巨大的市场需求，以证明公司创立的意义。第二段、第三段点明了公司的主营业务与主要的商业模式。第四段为市场分析部分的概要，指出了公司的良好发展前景和主要目标顾客群。第五段和第六段是营销计划的概要。第七段是财务分析部分的缩影，向投资人展示了股权结构和“阶梯式”的增长前景。最后一部分是风险分析的体现，对公司面临的各种风险以及应对措施做了简要说明。

第6章 创业风险

创业案例

聚美优品

创业者：陈欧

出生年月：1983年2月

出生地：四川德阳

求学经历：

2001年留学新加坡就读南洋理工大学，2005年获得计算机学士学位；

2007年留学美国就读斯坦福大学，2010年获得MBA学位。

创业经历：

陈欧第一次创业于2006年，在新加坡南洋理工大学就读大四期间，他自己编程研发了一款游戏软件GG—Client，后来与合伙人Forrest创办GG-Game在线游戏平台，在电竞领域一炮而红。在运营的过程中，由于该游戏平台存在版权问题和盈利模式问题，在资本市场上让投资者望而却步，平台支出多收入少。后来，陈欧决定继续到美国求学，出售了公司的股权。

陈欧第二次创业于2009年，在美国斯坦福大学获得MBA学位后回国创业，他与戴雨森、陈辉一起创立了北京创锐文化传媒有限公司，创业项目是在社交游戏中内置广告。这种模式在美国很受欢迎，项目的效益较好，因此，他们决定把这种运营模式照搬回中国。但是，由于中美文化和消费观的差异，该运营模式在中国出现了水土不服，公司一直在烧钱而没有多少收入，项目效益甚差。

陈欧第三次创业于2010年3月，转做专业化妆品团购网站(团美网)。团美网推出："100%正品、30天无条件退换货、全程保障"三大政策，以正品平价的策略得到了快速的发展。创业短短半年时间，团美网购买用户超过10万人。2010年9月，为了进一步深拓品牌内涵和外延，团美网正式更名为聚美优品，同时发布全新域名JUMEI.COM，转向发展化妆品电商平台。2010年10月，聚美优品的月销售额突破1 000万元；2011年，聚美优品全年销售额7亿元；2012年，全年销售额25亿元；2013年，全年销售额突破60亿元。2014年5月16日，聚美优品在纽交所上市，市值超过38亿美元，陈欧也成为了美国纽交所史上最年轻的中国CEO。

思考：聚美优品是一个大学生创业的成功案例，仅仅用了4年时间，陈欧团队使聚美优品得到了快速的发展，创造了一个"80后"大学生白手起家的神话。我们大多数人都只是看到聚美优品辉煌的一面，它的业绩飙升，它的华丽上市。但是，作为创业者，我们更应该挖掘隐藏在它辉煌背后的另一面，在创业的过程中，陈欧及其创业团队是如何成长起来的，他们在创业的过程中遇到过什么样的风险，他们是如何克服这些困难的。

学习目标

- 创业风险的特点。
- 创业风险的来源及其表现形式。

根据垂直搜索网站“悉知”的调查公布，2014 年第二季度中国企业数量已达到 2 167 万个①，中国市场的竞争日益激烈。在市场的激战中，有一些企业在竞争中崛起，有一些企业在艰难地经营着，有一些企业在默默中转行或退市。大学生在创业的过程中，不可避免地将会遇到来自商机、市场、团队、资源等方面的风险，这些风险将会影响到创业的成败。大学生创业之初的企业绝大多数是小企业，而小企业综合实力较弱，抵御风险的能力也较差，要想在激烈的市场竞争中崛起，困难重重。因此，通过提前对这些潜在风险的认知，可以提高创业者的风险感知能力，可以让创业者提前做好心理准备，思量应对风险的策略。

6.1 创业风险的概念

“风险”这个词来自意大利语的“risque”，它出现在 14 世纪的航海贸易和保险业活动当中，它是指所遇到的客观危险，如：航海遇到礁石、风暴等事件。发展到现代，风险的含义已不是当初的“遇到的危险”，而是演变为“遇到破坏或损失的危险或机会”。从经济学角度来看，风险是指发生危险、损失、损害或其他不利结果的可能性或概率。在创业的过程中，由于市场变化、资金缺乏、管理不力、技术落后、行业环境变化等各种因素而导致创业失败的可能性，这就是创业风险。全球著名的“创业教育之父” Jeffry A. Timmons (1999)认为，在创业的过程中，由于市场不确定、商机模糊、融资风险、外部环境变化等诸多因素会导致创业过程充满风险，因此，创业者必须具有战略眼光，依靠自己的洞察力、创造力，及时发现问题、解决问题，及时调整商机、团队、资源三者的最佳搭配，并随着创业的发展进行动态平衡，以保证创业的顺利进行。②

在创业的过程中，创业风险无处不在，无时不有，创业者需要有风险管理的意识，具有风险识别和化解风险的能力。创业风险伴随着创业过程的始末，它具有不确定性、可预测性、可控制性、关联性、损益双重性等特点。创业风险具有不确定性，创业者面临着各种各样不确定的因素，如：政策变化、行业规则变化、消费者观念改变、竞争对手增加、产品技术发展、创业团队分歧、管理能力落后、创新能力不足等，这些因素都会导致创业风险的发生。创业风险是可预测的，创业者可以根据企业本身或其他企业的资料和经验，判断风险发生的概率以及可能造成的不良影响。创业风险是可控制的，创业者可以通过采取适当的措施来回避或化解风险，控制风险发生所导致的不良影响程度。创业风险的发生具有

---

① 数据来源于悉知网收录的企业信息，并不完全等同于中国的企业数量，且其中不包括个体经营企业、公共组织机构等数据。

② Jeffry A. Timmons. *New Venture Creation*[M]. 5th Ed. Singapore: McGraw-Hill, 1999.

关联性，创业者所面临的风险与其创业行为和决策是密切相连的，创业者所做的每一个决策，既可能带来收益也可能带来风险。创业风险具有损益双重性，创业风险意味着企业可能出现损失的后果，但若能及时采取正确的措施有效化解风险，则有可能将风险转化为收益。因此，创业者要有承担风险的勇气、规避风险的意识和化解风险的能力。

6.2 创业风险的来源及其表现形式

大学生创业风险来源于各个方面，其中，最为主要的风险来源于四个方面：商机、市场、团队和资源(如表6-1所示)。来源于商机的风险主要表现为：创业者没有准确把握和识别商机，没有形成了有效的商业模式。来源于市场的风险主要表现为：市场竞争程度加剧，市场需求发生了变化，市场竞争策略效果差。来源于团队的风险主要表现为：创业者的能力差、团队的协作能力差、组织结构和制度的设计跟不上企业规模的发展。来源于资源的风险主要表现为：融资风险、技术风险和行业环境风险。当然，还有很多来源于其他方面的风险，如：法律法规的改变、行业标准的改变，在此，主要讨论创业者所遇到的最普遍的创业风险。

表6-1 创业风险的主要来源

	风险来源	风险形式
创业风险	商机	没有准确把握和识别商机
		没有形成有效的商业模式
	市场	市场竞争程度加剧
		市场需求发生变化
		市场竞争策略效果差
	团队	领导者的能力差
		团队的协作能力差
		组织结构与制度设计跟不上企业发展
	资源	融资风险
		技术风险
		行业环境风险

6.2.1 商机

商机是指从事商业活动并能由此产生利润的机会。Jeffry A. Timmons(1999)认为，发现商机是创业初期最为关键的一步，创业者找准了商机，才会有创业成功的可能性①。创业者首先需要准确把握和识别商机，然后形成有效的商业模式，方能使创业项目产生效

① Jeffry A. Timmons. *New Venture Creation*[M]. 5th Ed. Singapore:McGraw-Hill,1999.

益。然而，识别商机形成有效的商业模式，谈何容易。这需要创业者具备敏锐的洞察力和预见性，通过对市场的研究和预测，发现目前或未来一段时期内的市场商机。目前的商机往往很容易被大多数人所察觉，因此，来抢占这个商机的创业者也会很多，市场的竞争会变得激烈，它所能带来的利润会减少。未来的创业商机往往具有隐蔽性，只有那些能力强、有远见、有胆识的人才能发现它。当然，未来商机所带来的创业风险也会更高，未来收益也可能更高。1975 年，比尔·盖茨敏锐地察觉到计算机将会大大地改变人类社会，它的发展将会带来巨大的利润，他从哈佛大学退学建立了微软公司，创造了举世瞩目的微软神话，微软的成功使他连续 13 年(1995-2007 年)被评为《福布斯》全球首富。

在互联网刚开始普及的时候，华人首富李嘉诚先生曾经说过："互联网是一次新的商机，每一次新商机的到来，都会造就一批富翁；造就他们的原因是：当别人不理解他在做什么的时候，他理解他在做什么。当别人不明白他在做什么的时候，他明白他在做什么。当别人明白了，他富有了。当别人明白了，他成功了。"被誉为"中国电商之父"的马云就是这样一位杰出的创业者，早在中国政府开始建设互联网的时候，大多数老百姓还弄不清互联网为何物，他就已经看到了互联网所蕴含的商机，并开始了他的互联网创业生涯。

案例分析

马云对商机的识别

1994 年 4 月，中国全功能接入国际互联网，自此，中国的互联网发展进入了快车道。互联网大大缩短了人与人之间的时空距离，互联网导致了信息量的急剧膨胀，网络传播将对亿万人的学习、生活、工作、生产、交往、娱乐方式发生深刻的改变。在大多数人还不了解互联网为何物时，马云已经开始嗅到了互联网所蕴含的众多商机。早在 1995 年 4 月，马云从亲朋好友处凑了 2 万元，创建了中国最早的商业网站"海博网络"，启动了创业项目"中国黄页"，其商业模式是为中国企业发布在线信息和主页，从中收取一定的费用。1997 年年底，海博网络的营业额达到了 700 万元，该创业项目开始实现盈利。为了企业的进一步发展，马云与杭州电信合作开发该网站，马云占股 30%，杭州电信注资 140 万元人民币占股 70%。后来，双方意见产生了分歧，马云贱卖股份，带着创业团队去北京担任中国外经贸部电子商务中心总经理，负责开发外经贸部的官方网站及中国产品网上交易市场，借此机会，马云开始接触外经贸业务，其后来做 B2B 网站的想法逐步酝酿成熟。1999 年 2 月，马云辞去外经贸部的职务，带领他的创业团队回到杭州，筹集了 50 万资金，开创了阿里巴巴网站。阿里巴巴是一个 B2B 的网站，旨在"为中小企业服务"，其商业模式是以免费会员制吸引企业注册，从而汇聚商流和信息流，通过为企业提供增值服务获取企业的收益，如：提供国际买家的特别询盘，委托设计公司网站，网上推广和诚信通。2002 年，阿里巴巴 B2B 公司开始实现盈利。后来，阿里巴巴相继发展了淘宝网、天猫、聚划算、一淘、阿里云计算、支付宝，这些都是互联网具有标志性的成功创业项目。2014 年 12 月 31 日，阿里巴巴以市值 2 583.6 亿美元荣登"2014 年年终全球 IT 企业市值排行榜"第四位，前三位分别是：苹果、微软和谷歌。

任何商机并不是创业者凭空想象的，它不仅要建立在市场需要的基础上，而且要具备普及推广的可行性，要有现实盈利的可能性。如果比尔·盖茨的创业构想是产生于20世纪40年代，恐怕就只能空想而不能付诸实践，因为当时的计算机体积庞大，操作极为复杂，根本不具备推广普及的条件。因此，创业者在识别商机时，必须考虑商机实现的现实条件。此外，创业者还要考虑商机实现盈利的可能性，也就是要找准商业运营模式。对于不同行业、不同项目，其现实转化条件大不相同，其商业运营模式也不尽相同，这需要创业者具有非凡的洞察力，根据不同条件采用适宜的商业模式。

随着产业结构的调整升级，新技术的发明和普及，新行业的出现和发展，行业之间的互相渗透日益加深，行业交叉带来诸多新的市场商机。例如，近年来兴起的电子商务，就是商业和IT业相互渗透而成的新兴市场，其商业模式就是通过互联网销售传统的商品，由于节省了卖场的租金而大大降低了商品的售价。刘强东、沈亚、陈欧正是准确地识别到这一具有巨大发展潜力的创业商机，才有了京东商城、唯品会、聚美优品等知名网站的迅速发展。

以下列举大学生创业商机识别的一些评判标准，仅供参考：

(1) 可以带来长时间持续的收入；

(2) 有一定数量的消费群体；

(3) 产品的附加值较高；

(4) 产品所在的细分市场竞争并不激烈；

(5) 具有一定的市场成长率；

(6) 拥有较低的成本供货渠道，具有成本优势；

(7) 投资回报率在25%以上；

(8) 具有一定的融资渠道，融资压力不大；

(9) 有良好的现金流量，能占到销售额的20%～30%；

(10) 研发工作所需资金不多。

案例分析

陈欧对商机的识别

2009年，陈欧从斯坦福大学毕业后回到北京，与刘辉、戴雨森一起注册成立了北京创锐文化传媒有限公司。在陈欧的游说下，真格天使投资基金投资人徐小平资助他们18万美元进行创业，约合120万元人民币，创业项目是在游戏中植入广告。当时，这种商业模式在美国很受年轻一代的欢迎，陈欧他们认为将这种模式引入到中国一定可行。可是，当他们真正在中国运营此项目的时候，发现这种模式在中国根本行不通。公司创立半年，一直没有获得多少的收入，流动资金只剩下30多万了，公司即将面临倒闭。陈欧发现商机找错了，心里满是无助与焦虑，公司的未来方向在哪里，陈欧尝到了失败的滋味。

失败不可怕，关键是要知道失败的原因，还要从失败中找到商机。陈欧团队在失败中艰难地寻找商机，寻找可以让公司续存下去的那一根救命稻草。陈欧是一个善于观察生活的人，他并没有在沮丧中沉迷下去。他发现：大多数女性消费者对于在网络上购买化妆品信心不足，而线上化妆品市场是一个还没有发育成熟的市场。首先，电子商务在中国正在高速发展，网络普及率越来越高；其次，化妆品利润空间大，商场售价较高，互联网的化妆品市场还比较空白。陈欧觉得这是一个很好的商机。在转型问题上，陈欧和其他两个合伙人进行了激烈的争吵。陈欧执意要做电商，戴雨森提议做社区。陈欧认为做社区不靠谱，因为需要长时间培育市场。而戴雨森认为电商环节太复杂，三个大男人不了解化妆品，没做过采购，又不懂零售，却要做化妆品生意，更加不靠谱。他们为了转型方向争论不休，举棋不定。这时，中国刮起了网络团购热，陈欧提议先借着团购的方式做着尝试一下。在陈欧的坚持下，陈辉和戴雨森勉强答应了尝试转型做化妆品生意。于是，他们一边继续着游戏广告业务，一边用了两天时间打造了团美网(聚美优品前身)。陈欧将代理商的化妆品买断，以限时团购的形式在团美网卖出，产品价格比市面柜台低了约40%。在产品采购、宣传方面，陈欧找来了做过化妆品采购的朋友帮忙。团美网上线第二天，有了第一个顾客。为了获取消费者的信赖，团美网推出：“100%正品、30天无条件退换货、全程保障”三大政策。团美网发展顺利，用户越来越多，网站越做越好，团队有了继续发展下去的信心。

2010年5月，陈欧团队决定砍掉游戏内置广告业务，全面转做团美网。同时，团队再次获得了来自真格天使投资基金徐小平的200万元投资，于是，团队开始创建渠道、仓储和物流体系，自主销售化妆品，以团购的形式来运营垂直类女性化妆品B2C。团美网上线后，不到5个月注册用户突破10万，业绩不断攀升。2010年9月，团美网更名为聚美优品，有“聚集美丽、成人之美”的含义，同年销售额达到2 000万元。2011年3月，公司成立一年，总销售额突破1.5亿，同时也获得了红杉资本千万美元的投资，助推聚美优品的进一步发展。

陈欧的经历告诉我们，在创业的过程中，由于经验不足、能力不足等各种原因，创业者很有可能会找错商机，用错了商业模式，从而导致了创业的失败。但是，失败并不要紧，关键是要学会如何从失败中总结经验，为下一次找准商机和商业模式做好准备，最终才能获得创业的成功。

6.2.2 市场

市场风险主要表现为：市场竞争程度加剧，市场需求发生了改变，实施了错误的市场竞争策略。随着中国经济的快速发展，进入市场的企业越来越多，社会产品也越来越丰富，市场竞争越来越激烈，创业的风险也随之增加。商业管理界公认的“竞争战略之父”迈克尔·波特在1980年出版了《竞争战略》一书，他认为企业在市场中面临着五种类型的竞争力：同行业的竞争、潜在进入者的威胁、替代产品的威胁、供应商的还价能力和消费者的还价能力，这就是著名的波特“五力模型”(如图6-1所示)。因此，市场竞争是十分激烈的，只有灵活运用商业战略才能胜出，因此，波特提出了三种战略选择：成本优势战略、差异化战略和缝隙市场战略。

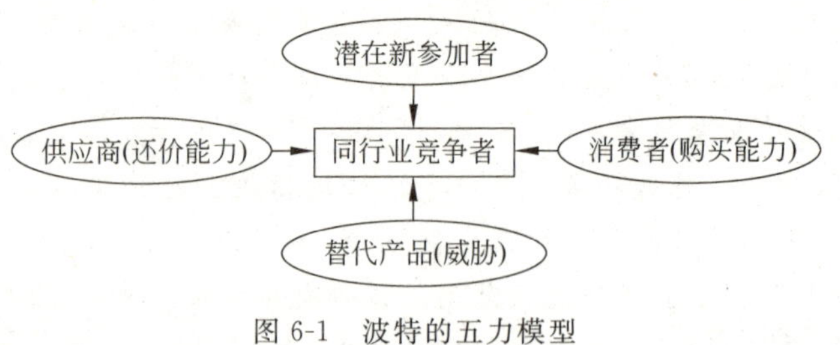

图 6-1 波特的五力模型

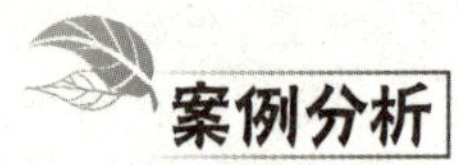

案例分析

聚美优品与乐蜂网的差异化发展战略

2010 年 3 月,陈欧准备创立团美网的时候,在中国的化妆品垂直电商市场上已经存在着一个强有力的竞争对手：乐蜂网。乐蜂网是由著名电视人李静在 2008 年 8 月创办的,是中国第一个专业美妆购物网站。2009 年,乐蜂网全年销售总额达到 1 亿元,2010 年销售额保持三倍增长,2010 年注册用户数达到 271 万人。面对如此强大的竞争对手,陈欧团队采取什么样的发展策略才能突围而出。

乐蜂网所采取的商业模式是"自有品牌＋达人经济＋社会化导购"模式。乐蜂网既做代理品牌,也做自有品牌。2009 年年底,乐蜂网开始推出第一个自有品牌"静佳"。经营自有品牌可以赚取高利润,经营代理品牌则可以提升客户流量。乐蜂网邀请专家明星为乐蜂网代言,建立品牌推荐体系和达人基地,利用明星和达人的宣传效应吸引消费群体。乐蜂网推出"蜂向标"社区,通过提供社区的咨询和导购,为消费者提供"女性时尚解决方案"。

乐蜂网的创始人李静是国内著名电视节目主持人和金牌节目制作人,是东方风行传媒集团董事长,她本人就具有明星宣传效应。李静的从业经历使她在时尚界积累了一定的人气和人脉,她可以轻而易举地找到明星专家为乐蜂网代言。东方风行集团成立以来制作了 40 档节目,发行至全国 200 家省市级电视台,影响消费者群体达七八亿之多,这些都是乐蜂网很好的宣传渠道。

2010 年,陈欧创立团美网之初,他只是一个刚毕业的学生,公司流动资金仅剩 30 万元,他对化妆品、时尚界不了解,他没有资金实力打造自有品牌,他更没有资源推行"达人经济"的商业模式。陈欧只知道化妆品电商市场是一个刚刚开始发育的市场,他知道要避开与乐蜂网的正面竞争才能突围而出。陈欧采取了与乐蜂网差异化经营的发展策略。团美网做"限时特卖"团购模式,后来从团购转型为 B2C 商城,以代理品牌为主,主要卖市场上最畅销的 20%的化妆品。团美网创立之初以"低价＋潮流＋正品"作为发展的策略,迅速积累了庞大的消费者群体。直到 2012 年,聚美优品积累了一定的资金之后,才开始推出自有品牌系列化妆品。正因为采取了差异化发展战略,聚美优品才在乐蜂网这个强大的竞争对手面前迅速成长起来,现在成为了乐蜂网最大的竞争对手。

人类的需求是多种多样的,大企业不可能完全满足市场需求,必然会存在一些小的市场需求没有被满足，这就让中小型企业具备了市场生存的空间。中小企业与大企业互补，共同满足市场上不同的需求。市场需求的差异化是大中小企业并存的理由，细分市场使得小企业的存在更有价值。大学生所创立的企业多为小型企业，没有雄厚的资金、人力、技术支持，更要想办法避开竞争激烈的领域，选择进入竞争程度较弱的缝隙市场，采取差异化战略和缝隙市场战略。

人类的需求始终处于不断的变化中。人的需求从低层次向高层次变化、由数量型向质量型变化、由群体共同性向个体独特性变化，这是一种客观存在的规律。在商品经济发达的今天，企业的生产经营活动越来越受制于市场需求，而市场需求又是一个不断发生变化的不可控因素，没有准确把握市场需求的企业必然会招致失败的风险。2014 年 9 月 27 日，美国科技市场研究公司 CB Insights 通过调查分析 100 多家科技创业公司的失败案例，总结出了创业公司失败的 20 大主要原因，其中，没有市场需求位列第一位，资金耗尽位列第二位，缺乏好的创业团队位列第三位。[①] 所以，创业者必须要准确把握消费者的需求变化，根据消费者的需求和变化及时调整企业的发展策略。

案例分析

聚美优品的“301”事件

为了答谢广大消费者的厚爱，提高聚美优品的顾客流量，陈欧团队决定在聚美优品创立三周年之际(2013 年 3 月 1 日)举行大型促销活动。聚美优品三周年促销活动的广告宣传在全国各大卫视、平面广告全面出击。2013 年 2 月 28 日 23 点 50 分左右，聚美优品团队成员正兴奋地准备大声倒计时迎接三周年庆典的到来。此时，公司网站却出现了崩盘的迹象，成千上万的用户为进入聚美而挤破了脑袋。从凌晨一直到 4 点，聚美网站一直处于崩溃状态。凌晨 4 点过后，网站瘫痪状况得以缓解，但没人敢有丝毫的懈怠。到了早上 6 点多，又一股强大的用户群如潮水般再次冲向聚美，新一轮网站瘫痪再次上演。为了缓解网站拥挤情况，陈欧开始让技术人员往外踢用户。陈欧一夜无眠，他不得在微博上向广大用户及粉丝道歉。但踢掉用户也不能完全解决问题，踢了一部分人，还有更多的人要等着进入网站，因为他们已经提前买好了今天的折扣券，用户踢也踢不完。最后，聚美不得不把一天的促销延长了两天。即使是这样，也缓解不了网站崩盘的状况，直到第三天网站崩盘的情况才缓解下来。

事情并没有结束，后续的问题接踵而至。“301”促销当天，聚美的访客翻了 15 倍。促销三天，聚美优品的销售额达 10 个亿。短时间内公司业务量激增，聚美急需大量的人力跟单发货，需要庞大物流系统的支撑。但是，陈欧没有预计到这一点，他们根本无法在短短的时间内雇佣到更多的人帮忙。结果，货品未能及时发出去，客服电话被打爆，客户投诉不断。陈欧在网站上一再发表声明、道歉，但是无济于事，网上的骂声铺天盖地。如果从销售数据来看，聚美的“301”促销是成功的，可是，薄弱的物流配送环节却大大地拖了聚

① http://thenextweb.com/insider/2014/09/25/top-20-reasons-startups-fail-report/? utm_source=tuicool.

美的后腿，最后是“好事变成了坏事”。

从聚美的“301”事件来看：第一，网站崩盘意味着聚美的技术系统架构、代码质量存在问题，而这不是短时间内能修复的。第二，聚美的发单能力、物流配送能力远落后预期。第三，聚美的团队缺乏对市场需求变化的预知能力，“301”当天的订单量是平时的100倍，而当时聚美最大的负荷能力只有平时的两倍。第四，聚美的团队使用了错误的竞争策略，在公司没有强大物流配送能力支持的时候，没有控制住促销的总额度。在聚美的高速发展过程中，不知不觉中就已经隐藏了一些潜在的风险，技术、运营、供应链、物流、仓储等这些环节跟不上企业的快速发展。“301”促销引爆了这些风险，使公司面临严重的信任危机，好不容易建立起来的品牌受到了很大的伤害。

6.2.3 团队

创业项目处于复杂多变的经济和社会环境中，创业成功与否与创业团队是否具备高超的运营能力和应变能力有着直接的关系。在上文所提及的聚美优品的“301”促销大败，就是因为：“创业团队的发展跟不上公司的发展速度”，这是陈欧事后反思给自己的答案。Jeffry A. Timmons(1999)认为，随着创业的发展，商机、团队和资源三个因素的相对重要性会随着企业的发展而发生相应的变化，若不及时调整便会出现失衡现象，从而会妨碍创业的发展。创业者或创业团队必须具备学习的能力、应对风险的能力、具有创造力、领导力和沟通能力，还要具备柔性和韧性适应市场环境的瞬息变化。创业团队管理能力的优劣，直接决定了企业运营风险的大小。而高素质的创业团队及良好的组织结构则是管理好企业的重要前提和保障。因此，创业团队的好坏应从团队领导者基本素质、团队的协作能力、组织结构与制度设计三个方面来衡量(如表 6-2 所示)。

表 6-2 创业团队的评价指标

	评价内容	具体指标
创业团队的评价	领导者的基本素质	专业知识水平
		领导能力
		创新能力
		诚信
		心理素质
		战略决策能力
	团队的协作能力	经营管理能力
		风险管理能力
		执行能力
	组织结构与制度	组织机构的协调性
		管理制度的完善性
		分配制度的激励性

在创业团队中，领导者的能力起到关键作用。领导者的能力可以从专业知识水平、领导能力、创新能力、诚信、心理素质及战略决策能力六个方面来衡量：

（1）专业知识水平。创业者应该具备敏锐的市场洞察力和较为丰富的企业管理知识，对企业经营所涉及的技术、工艺知识比较了解。

（2）领导能力。创业者应该具备解决创业及企业成长过程中遇到的各种复杂问题的能力，能够获得创业团队的信任，能够带领团队克服创业中的困难。

（3）创新能力。创业者应该具备发现新问题、产生新思路、提出新观点和找出新方法的能力。

（4）诚信。创业者应该具有强烈的社会责任感、事业心和敬业精神，待人处事做到“言必信，行必果，一诺千金”。

（5）心理素质。创业者应具备敢于冒创业风险、具有强烈的自信心、能吃苦耐劳、有强烈的成功欲望等心理素质。

（6）战略决策能力。创业者应能及时根据企业所处的环境变化，准确地制定创业的发展方向、目标和战略决策，选择恰当实施方案。

聚美优品的CEO陈欧总结了创业需要具备的“三力”：第一个是魄力，创业需要勇气，需要承担风险，需要狠下心做些别人不敢做的事；第二个是判断力，创业者需要找准企业发展的正确方向，才能避免犯下致命的错误；第三个是领导力，创业者需要团结很多的人，整合多方面的资源。如果没有领导力，团队只能是一盘散沙，缺乏凝聚力，更谈不上创新，最后的失败就是必然的。

中国有句谚语：单丝不成线，独木不成林。在竞争日益激烈的今天，一个人能力再强，也不可能战胜一个强有力的团队。团队合作精神被认为是企业发展的一个重要的决定因素。团队协作能力是指建立在团队基础之上，成员间互补互助以达到团队最大工作效率的能力。团队成员需要在不同的位置上各尽所能，与其他成员协调合作，从而促进企业的发展。团队的协作能力可以从团队经营管理能力、风险管理能力、执行能力三个方面来衡量：

（1）经营管理能力。创业团队能很好地协调企业发展的各项工作，如：生产、营销、技术、人力资源、财务等，能使企业的经营目标顺利地执行，并根据情况进行有效的调整。

（2）风险管理能力。创业团队具备对创业风险的预测、预控、预防、评估和化解的能力。

（3）执行能力。创业团队具备将企业发展战略变为行动，把行动变为结果，并保质、保量完成任务的能力。

好的领导者、创业团队必须要有好的组织架构和制度作为黏合剂，才有可能获得创业的成功。完善的组织架构和制度可以发挥团队力量、合理配置资源、调动积极性、提高企业生产率。组织架构和制度可以从组织机构的协调性、管理制度的完善性和分配制度的激励性来衡量：

（1）组织结构的协调性。企业的流程运转、部门设置及职能规划能否很好地促进企业的内部分工，达到企业的最大产出。

（2）管理制度的完善性。企业制定的管理制度是否已经覆盖了企业生产经营活动的各个方面。

(3) 分配制度的激励性。企业制定的分配制度是否很好地做到了企业发展与员工福利的平衡，是否有效地激励了员工的工作积极性。

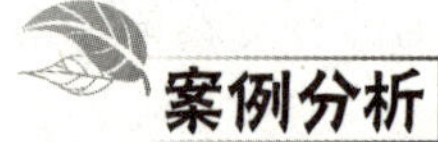

聚美优品的创业团队

2009 年，陈欧第二次创业，与陈辉、戴雨森一道回国成立北京创锐文化传媒有限公司。在专业知识构成上，陈欧拥有新加坡南洋理工大学计算机学士学位，美国斯坦福大学工商管理硕士学位。戴雨森拥有清华大学工业工程学士学位，曾在斯坦福大学攻读管理科学与工程硕士，中途辍学归国创业，曾在 Google、Baidu、Oracle 企业从事用户体验设计工作，对互联网产品设计、用户体验规划有着丰富的经验。陈辉拥有新加坡南洋理工大学计算机科学学士学位，擅长大型 WEB 系统及数据库等的分布式架构。在专业知识构成上，陈欧、陈辉和戴雨森所组成的创业团队，在企业管理、计算机技术、互联网运营、互联网产品设计和体验方面有着丰富的经验，因此，在后来的创业转型中，他们只用了两天时间就轻而易举地使团美网上线了。现在的聚美优品，陈欧是 CEO 负责战略方向、品牌的塑造及市场公关，刘辉负责技术研发，戴雨森主要是产品的设计、公司内部运营以及客服，团队的每个成员都在不同的岗位上发挥着自己的优势。

在创新能力上，陈欧成功开创了中国国内垂直化妆品 B2C 电商平台，更引人注目的是陈欧“为自己代言”的广告(如图 6-2 所示)。该广告摒弃了传统的请影视明星代言化妆品的旧模式，作为聚美优品总裁的陈欧亲自走上屏幕，讲述自己的创业故事，为自己的代言。为了拍摄这辑广告，陈欧与他的创业团队：戴雨森、刘辉、叶飞、阚洪岩，为消费者讲述了他们为梦想和未来奋斗的“80 后”创业故事。此标新立异的广告模式，一经播出，立刻产生了轰动效应，聚美优品知名度急剧上升。

图 6-2 陈欧“为自己代言”的广告

我为自己代言

(广告词)

你只闻到我的香水，却没看到我的汗水；

你有你的规则，我有我的选择；
你否定我的现在，我决定我的未来；
你嘲笑我一无所有，不配去爱，我可怜你总是等待；
你可以轻视我们的年轻，我们会证明这是谁的时代；
梦想是注定孤独的旅行；
路上少不了质疑和嘲笑；
但那又怎样，哪怕遍体鳞伤，也要活得漂亮！
我是陈欧，我为自己代言！

在团队的协作性方面，由于他们是师兄弟的关系，有着深厚的友谊，彼此之间了解较深，因此，团队呈现出较强的协作能力。戴雨森是陈欧在斯坦福大学的校友，为了追随陈欧回国创业，戴雨森放弃了即将获得的硕士学位。陈辉是陈欧在新加坡南洋理工大学的师弟，在大学期间曾与陈欧一道创立 GG-game 游戏平台，后追随陈欧一同回国创业。陈欧认为："找创业伙伴比找老婆麻烦，因为得全方位互相认可才行，包括能力、人品和事业激情，三方面缺一不可。"刘辉曾经说过："我宁可错过拥有金钱的机会，也不能错过和陈欧一起创立伟大公司的机会。"正因为有了创业团队彼此的信任和创业的坚定，才会有了克服困难、勇往直前的动力，才会有最后创业的成功。在创业项目从网络游戏到化妆品转型的过程中，团队成员内部也会有争执，陈欧执意要做电商，戴雨森提议做社区。最后，在陈欧的坚持下，陈辉和戴雨森勉强答应了尝试转型做化妆品生意。在这个关键时候，团队的判断力和协作性就显得非常重要了。

在创业的初期，创业的团队可能只有几个人，随着公司的发展，企业规模的壮大，团队需要不断补充更有能力的成员才能满足企业的发展。在聚美三周年庆的"301 事件"中，团队成员能力不足的缺陷暴露无遗。网络技术问题、发单问题、物流配送问题等，在巨大的销量面前全部暴露出来。陈欧事后总结："最根本的问题还是创始团队的发展跟不上公司的发展速度。"毕竟，这个创业团队还比较年轻，很多人甚至都是第一次接触这一行业，还没有很多的经验可以借鉴。后来，为了弥补聚美在这一方面的缺陷，陈欧加紧物色仓储物流上能力更强的人。后来，聚美优品物色到前亚马逊仓储主管过来负责物流，单仓至少可以发 20 万单。

6.2.4 资源

创业资源是指在新创企业成长的过程中所必需的资金、技术和环境等资源。资金和技术是直接参与了企业的生产经营活动的资源，称之为企业发展的要素资源。而那些没有直接参与企业生产经营活动，但是其存在可以影响企业运营效率的资源，被称为环境资源。例如：允许民营资本进入新闻出版业，允许民营资本进入金融行业，国家提高劳动者最低工资标准等。创业资源风险可以从融资风险、技术风险和行业环境风险三个方面来衡量：

（1）融资风险。企业由于筹资规划而引起的收益变动的风险。

（2）技术风险。由于企业拥有的技术落后，技术研发的失败，新技术的出现和替代而导致企业遭受损失的风险。

(3) 行业环境风险。由于企业所处行业环境发生了变化而导致的风险,如:产业政策、行业壁垒、行业发展前景、行业规模、产业布局等。

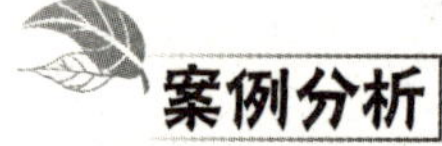

案例分析

环环相扣的经营风险和融资风险

聚美优品采用"自营+平台"的经营模式,对于能够拿到代理权、经销权的品牌,聚美优品通过自营模式来销售;而拿不到授权的品牌,则开放平台给第三方商家,由第三方商家在聚美平台销售产品,聚美再从中抽取一定比例的佣金。在聚美优品创立之初,主要是发展自营业务。因为自营业务可以保证"正品",处于公司可控的范围。但是,自营模式存在一定的缺陷,很多知名品牌不愿意授权给聚美,他们更愿意自己或通过代理商进入商场柜台销售。这样一来,自营业务在一定程度上便限制了聚美优品在产品品类上的扩张。为了使聚美拥有更多的产品品类,吸引更多的消费者,聚美开始发展第三方平台业务,即通过和第三方卖家合作扩充平台品类。2014 年 5 月 16 日,聚美优品在美国纽交所上市融资,以高于发行价 24%的 27.25 美元开盘。聚美优品在上市招股书中承诺投资者,上市后将不断扩充品类和品牌,并通过低价形式销售,以换取巨大的消费者流量。此后,聚美优品股价走势良好,并在 8 月 15 日达到 37.99 美元的最高值。

随着第三方平台业务的发展,聚美优品的产品品类不断扩充,消费者数量也在不断上升。2014 年 7 月 28 日,腾讯科技刊登了一则新闻《暗访电商假货链条:聚美等平台涉嫌知假售假》。聚美优品从一个"便宜、正品的化妆品网站"变为了一个"充斥着假货的网站"。聚美优品的假货主要集中在第三方平台业务,由于聚美优品只是提供平台给这些公司销售,而在平台上售卖的产品不入公司仓库,也不受公司的直接控制,由第三方商家直接发货,聚美无法对其进行强有力的监管,导致平台商品混杂着假货和水货,售后服务也容易出现问题。聚美的假货风波导致公司品牌形象受损,客源严重流失,业绩下滑。2014 年第三季度,聚美优品商品销售总额环比增长−5.67%,总收入环比增长 2.19%,自营业务收入环比增长 12.36%,平台业务收入环比增长−19.05%,营业利润环比增长−18.45%,净利润环比增长 1.66%。

为了维护聚美优品的品牌形象,未来的健康发展,聚美进行了重要的业务转型,忍痛砍掉第三方平台上的奢侈品业务,并将第三方平台美妆业务全部转为自营业务,第三方平台的化妆品销售将由品牌合作、专柜购买和聚美海外购取代。陈欧认为,从短期来看,此转型措施将会牺牲短期业绩增长,但能够有效加强对供应链质量的管控,希望彻底摆脱"售假"指责,维护聚美的"绝对正品"的品牌形象,着眼于企业未来健康发展。

正当团队绞尽脑汁为解决售假问题的出谋划策时候,大洋彼岸的美国又出现了大问题。聚美优品在国内打假,努力转变经营模式,这一措施却激怒了美国投资者。2014 年 12 月,美国 8 所律师事务所先后宣布调查聚美优品存在潜在违规行为,这些律师事务所有:Brower Piven、Milberg LLP、Pomerantz、Faruqi & Faruqi、Robbins Geller Rudman & Dowd、Rosen、Glancy Binkow & Goldberg、Johnson & Weaver。他们指责:聚美优品存在潜在的财务作假问题，聚美优品擅自改变营收模式，从电商平台转向商品销售，使未来业绩带来巨大风险，违背上市时向投资人所承诺的“扩大市场份额、扩充品类”的承诺。美国投资者担心聚美优品一旦砍掉第三方平台业务，全面转向自营业务为主的模式，将会减少聚美优品的产品品类和利润，这将会影响投资者的利益。售假风波和诉讼风波一起，严重影响了消费者和投资者对聚美优品的信任，聚美优品的股价一路下跌。2015 年 2 月 27 日，聚美优品股价回落为 13.65 美元。如何应对来自美国投资者的诉讼，如何策划公司未来的发展，这些问题的出现将再次考验陈欧创业团队的智慧和实力。

练习题：

查阅京东(JD. com)的发展历程，分析京东的商业发展模式，在企业的发展过程中遇到过哪些风险，京东采取什么措施来化解这些风险。

教学支持说明

▶▶课件申请

尊敬的老师：

您好！感谢您选用清华大学出版社的教材！为更好地服务教学，我们为采用本书作为教材的老师提供教学辅助资源。鉴于部分资源仅提供给授课教师使用，请您直接手机扫描下方二维码实时申请教学资源。

任课教师扫描二维码
可获取教学辅助资源

▶▶样书申请

为方便教师选用教材，我们为您提供免费赠送样书服务。授课教师扫描下方二维码即可获取清华大学出版社教材电子书目。在线填写个人信息，经审核认证后即可获取所选教材。我们会第一时间为您寄送样书。

任课教师扫描二维码
可获取教材电子书目

清华大学出版社

E-mail: tupfuwu@163.com　　网址：http://www.tup.com.cn/

电话：8610-62770175-4506/4340　　传真：8610-62775511

地址：北京市海淀区双清路学研大厦B座509室　　邮编：100084